はしがき

執筆にあたっての意気込み

　受験生のみなさん、はじめまして。代々木ゼミナール地理講師の宮路秀作です。今回、『カリスマ講師の　日本一成績が上がる魔法の地理ノート』の執筆を担当することとなりました。私が日々教壇に立っている代々木ゼミナールでは、生徒アンケートというものがあります。アンケートの項目の一つに「板書の見やすさ」というものがありまして、おかげさまで、毎年この項目に高評価を頂いています。これは、「取りやすいか」、「後で見返して復習しやすいか」、「完結にまとまり、情報が網羅されているか」などを考えて、日々板書案を練っているからであると、勝手に自負しています。

　しかし、代々木ゼミナール本部校に設置されているELコース（スーパーレベル東大文科）の東大地理テスト演習やY－SAPIX東大館での授業は別として、普段接している受験生の志望校は千差万別。ある生徒には必要な情報であっても、別の生徒には必要ないものだったりします。だからこそ、「君たちの志望校は一人一人違うわけだから、受験までに取っていくノートの内容が、全員が同じになることはありえないと心得よう！」と、あらかじめ生徒たちに伝えます。ノートを二階建ての家屋に例えるなら、全員に必要な知識が「一階部分」となり、各自必要な知識は「二階部分」となります。そうして初めて学力向上の一助となる自分だけのノートが完成していくと、私は常に考えています。今回、本書ではノートの「一階部分」を紹介しました。これを参考にして、普段、みなさんが受けている学校や塾・予備校の授業でノートを取ってみてください。

本書の特長

　本書で紹介するノートは、代々木ゼミナール新潟校のかつての教え子である山田恵李さんが、「コンプリート地理」という授業内で取ったものです。100％真似する必要はありませんが、利用できそうなノートの取り方があれば真似してみてください。「自分ならこうやって取る！」という視点をもってもらえるならば、それはそれで本書が役に立ったということでもあります。ノートは自分だけのものです！　それは宝物です！　その宝物は学力向上の一助となり、みなさんを志望校へ導いてくれるのです。私はさらにその一助となれるように、本書を書き上げました。

　本書では非常にカラフルなノートが紹介されており、ノートにはさまざまなイラストがちりばめられています。本書を手に取ってくださったみなさんは、「こんなの書けるわけないだろぉ！」と思われるかもしれませんが、これは、あくまでも「山田さんのノート」です。山田さんが必要だと思った情報は「山田メモ」として書かれていますし、ときにはその情報を

視覚的に捉えるべくイラストなども描かれています。しかも、質の高いイラストです。けれども、質の高さが問題ではなく、自分に必要な情報かどうかが最も重要なのです。

さらに、地理に関するコラムも掲載しています。「世界は広い！」、当たり前のことですが、この事実はわかったつもりになりやすく、「世界を知る」ということはおざなりにされやすいと思います。そこで、みなさんに少しでも多く世界のことを知ってもらおうと書き下ろしました。世界中、いろいろなところにアンテナを張り、自分たちの日常生活、あるいはわが国との相違点を明らかにしていくのです。そうすることで、「われわれとは何者なのか？」、「どのような固有の文化を共有する民族なのか？」など、日頃もったことのない視点をもてるようになるはずです。

「地理」の面白さとは

「地理」と「地理学」は違うとよく言われます。大学で「地理学」を修めた私もたしかにそう思います。しかし、そこは大同小異なのであって、本質的なところでは変わりません。変わるはずがないのです。「地理」とは「地球上の理」を学ぶものです。ある地域の地形や気候などの自然環境を理解し、そこで暮らす人々がもつ固有の文化などを一つひとつ理解していくのです。一つの地域に対していろいろな視点をもつ、その視点がつながることに面白さがあります。きっと、「地理」を選択する受験生も、そういう「地理」の特性について面白さを実感しているはずです。さらに、それが長い間積み重なっていくと、「歴史」が生まれます。「歴史」とは各時代の「地理の積み重ね」なのであって、「地理」によって「現代世界」を学び、「なぜそうなったのか？」と深い解釈を加えるために、「歴史」を紐解く必要があるのです。「地理」選択者のみなさんは、大学生になったら必ず「歴史」を勉強してください。受験のために学んだことが、より生きたものへと成長するはずです。

「地理的思考力」なんて思考力は存在しません。その思考力って、いったい何なんですか？　ある地域で暮らす人々が、最初から「BS気候が発達する地域だから、耐乾性の羊を飼育しよう！」などと思って生活していたはずがありません。長い間の経験によって生み出してきた知恵なのです。それは自然環境に合わせて変化してきたのです。だから面白いのです。「知識が連鎖」するから面白いのです！

謝辞

今回、このような出版の機会を与えてくださった中経出版の佐藤良裕さん、編集を担当してくださった比企康夫さんにはあらためて御礼を申し上げます。特に佐藤さんには執筆にあたって、的確なアドバイスをして頂きました。ノートを提供してくれた山田恵李さん、イラストの色塗りを仕上げてくれた松田楓子さん、本書において私の似顔絵イラストの元となるラフを描いてくれた安野梨紗さん、3人の教え子たちにも心から感謝しています。

代々木ゼミナール地理講師　宮路秀作

CONTENTS

はしがき …… 2
もくじ …… 4

Chapter I
自然地理は視覚的に捉えるのです …… 9

Lecture 1 　陸島と洋島 …… 10
Lecture 2 　地球の内的営力・外的営力 …… 12
Lecture 3 　プレートテクトニクス　Part 1 …… 14
Lecture 4 　プレートテクトニクス　Part 2 …… 16
Lecture 5 　プレートテクトニクス　Part 3 …… 18
Lecture 6 　プレートテクトニクス　Part 4 …… 20
Lecture 7 　プレートテクトニクス　Part 5 …… 22

Column I 　写真と地形図を見比べてみる …… 24

Chapter II
メモは他人様に見せるためのものではありません …… 25

Lecture 8 　地球の大きさ …… 26
Lecture 9 　大地形区分　Part 1 …… 28
Lecture 10 　大地形区分　Part 2 …… 30
Lecture 11 　大地形区分　Part 3 …… 32

Column II 　半径64cmの地球儀 …… 34

カリスマ講師の　日本一成績が上がる
魔法の地理ノート

Chapter III
地理とは日常生活の延長上に存在するものです …… 35

Lecture 12　国家の三要素 …… 36
Lecture 13　国境の分類　Part 1 …… 38
Lecture 14　国境の分類　Part 2 …… 40
Lecture 15　集落の分類　Part 1 …… 42
Lecture 16　集落の分類　Part 2 …… 44
Lecture 17　集落の分類　Part 3 …… 46

Column III　見分けがつかない二つの国旗　Part1 …… 48

Chapter IV
時代背景を捉えることで大枠をつかむのです …… 49

Lecture 18　人口増加のあゆみ　Part 1 …… 50
Lecture 19　人口増加のあゆみ　Part 2 …… 52
Lecture 20　人口転換と人口ピラミッド　Part 1 …… 54
Lecture 21　人口転換と人口ピラミッド　Part 2 …… 56
Lecture 22　都心部と郊外の人口移動 …… 58

Column IV　ドラクエにみる交通の発達 …… 60

Chapter V
「地図に情報を落とす」とは？ …… 61

- Lecture 23　東アジアの自然環境 …… 62
- Lecture 24　南アジアのモンスーン …… 64
- Lecture 25　南アジアの地形 …… 66
- Lecture 26　西アジアの自然環境 …… 68
- Lecture 27　アフリカの自然環境 …… 70
- Lecture 28　南ヨーロッパの自然環境 …… 72
- Lecture 29　北ヨーロッパの自然環境 …… 74
- Lecture 30　東ヨーロッパの地誌 …… 76

- Column V　見分けがつかない二つの国旗　Part2 …… 78

Chapter VI
イラストの上手い下手は関係ありません …… 79

- Lecture 31　大気の大循環 …… 80
- Lecture 32　降水のメカニズム …… 82
- Lecture 33　海　流 …… 84
- Lecture 34　ケッペンの気候区分　Part 1 …… 86
- Lecture 35　ケッペンの気候区分　Part 2 …… 88
- Lecture 36　ケッペンの気候区分　Part 3 …… 90
- Lecture 37　日本の気候区分　Part 1 …… 92
- Lecture 38　日本の気候区分　Part 2 …… 94
- Lecture 39　日本の気候区分　Part 3 …… 96

- Column VI　ラッシーと羊の群れはヨークシャー地方
そしてペニン山脈と炭坑員のサム …… 98

カリスマ講師の　日本一成績が上がる
魔法の地理ノート

Chapter VII
何気ない工夫で知識は定着します …… 99

- Lecture 40　人種と民族 …… 100
- Lecture 41　複数の公用語をもつ国　Part 1 …… 102
- Lecture 42　複数の公用語をもつ国　Part 2 …… 104
- Lecture 43　中国の民族 …… 106
- Lecture 44　ヨーロッパの宗教分布 …… 108
- Lecture 45　国籍別外国人登録者 … 110

- Column VII　イスラム教徒は、なぜ豚肉を食べない？ …… 112

Chapter VIII
ノートは自分のために手間暇をかけるものです …… 113

- Lecture 46　沖積平野　Part 1 …… 114
- Lecture 47　沖積平野　Part 2 …… 116
- Lecture 48　沖積平野　Part 3 …… 118
- Lecture 49　洪積台地 …… 120
- Lecture 50　サンゴ礁 …… 122
- Lecture 51　海岸地形　Part 1 …… 124
- Lecture 52　海岸地形　Part 2 …… 126

- Column VIII　宗教ってどういうもの？ …… 128

Chapter IX
ノートは「一目瞭然」が重要です …… 129

Lecture 53	都市構造と地域分化　Part 1 …… 130
Lecture 54	都市構造と地域分化　Part 2 …… 132
Lecture 55	都市構造と地域分化　Part 3 …… 134
Lecture 56	都市構造と地域分化　Part 4 …… 136
Lecture 57	コナベーションとメガロポリス …… 138
Lecture 58	都市型水害 …… 140
Lecture 59	途上国の都市問題 …… 142

Column Ⅸ　なぜアメリカ合衆国はわが国から「地理」を取り上げたのか？ …… 144

Chapter Ⅹ
地図上で情報を読み取ってこその「地理」です …… 145

Lecture 60	北アメリカの自然環境 …… 146
Lecture 61	アメリカ合衆国の農業 …… 148
Lecture 62	南アメリカ大陸の気候と植生 …… 150
Lecture 63	オセアニアの地域区分 …… 152
Lecture 64	オーストラリアの地誌 …… 154
Lecture 65	ニュージーランドの地誌 …… 156

Column Ⅹ　地名が面白いのは当然である！ …… 158

板書ノート提供：山田　恵李
本文イラスト：たはら　ひとえ

Chapter I

自然地理は
視覚的に捉えるのです

- **Lecture 1**   陸島と洋島
- **Lecture 2**   地球の内的営力・外的営力
- **Lecture 3**   プレートテクトニクス　Part 1
- **Lecture 4**   プレートテクトニクス　Part 2
- **Lecture 5**   プレートテクトニクス　Part 3
- **Lecture 6**   プレートテクトニクス　Part 4
- **Lecture 7**   プレートテクトニクス　Part 5

- **Column I**   写真と地形図を見比べてみる

Lecture 1 陸島と洋島
起源によって名称が違う！？

島嶼（とうしょ）とは、オーストラリア大陸よりも小さいものを指すとされて（オーストラリア大陸とオーストラリア大陸より大きいものを大陸と称します）、一般的には「島」などと呼ばれているものです。そして、**島嶼は「起源をどこにもつか」によって名称が違う**ことを知っていますか？

日常生活において、水深０ｍよりも深いところ、ようするに海中の世界をわれわれがその目でじっくりと確認する機会は皆無といってよいと思います。海中は、**水深200mまでの海域を大陸棚**、それより深くて**水深4,000～6,000m程度の海底を大洋底**といいます。それをわかりやすく断面図にしたのが、◀1 ですね。

これから数多くのノートを見ていきますが、断面図はいたるところで登場します。断面図は大学入試問題において頻出の出題形式ですから、その地域の理解を深めるためにもとても重要です。**日頃から断面図を描く練習をしましょう！**

話を戻しましょう。大陸棚を起源に発達しているのが陸島、一方、大洋底を起源に発達しているのが洋島です。◀1 にはそれぞれの深さも書かれています。大陸棚というのは、かつての陸地だった地形で、平均深度が130mほど（最深部でも200m程度）の海底です。「かつての陸地」だったことから、**沿岸地域と陸島は同様の鉱産資源の埋蔵の可能性があるわけです**（◀2）。パプアニューギニアのブーゲンビル島（銅鉱の産出地）やフランス領ニューカレドニア島（ニッケル鉱の産出地）などが有名ですね。

一方、洋島はというと、大洋底を起源としていることから陸地との関係性がないため、**鉱産資源の埋蔵がほとんどみられないわけです**（◀3）。例外的に、ナウルという国ではかつてリン鉱石が産出したこともありましたが、基本的には鉱産資源に恵まれないため目立った産業が発達せず、観光業に力を入れている国が多いようです。

もし地球に海洋がなかったとすれば、陸島は「小さい山」、洋島は「大きな山」という認識となるのでしょうか。 洋島は、人間がいう新期造山帯級の山脈ですね。ものすごく高い山です。しかし、海洋があるからこそ、われわれに見えるのは「島」としてなんですね。

◎ 陸島と洋島 ✏①

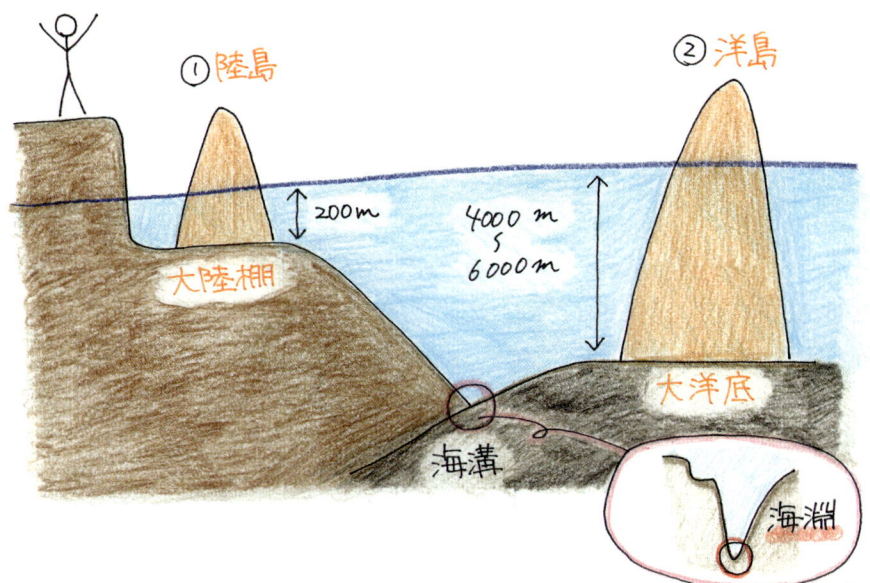

① 陸島 → 大陸棚上にあり、陸地にその起源をもつ島。
　　　　　陸地の沈水や大陸移動で大陸から分離して島となった。
　　　　　沿岸地域と同等の鉱産資源の埋蔵がある。 ✏②
　　　　⇒ 国も豊かになる。

② 洋島 → 大洋底上にあり、その起源を大陸や大陸棚に
　　　　　もたない島。
　　　　　火山島と珊瑚礁島がある。
　✏③ 鉱産資源の産出はほとんどない。
　　　　⇒ 国は貧しい。
　例外) ナウル (リン鉱石) — トリのふん
　　　　※今は輸出しすぎて枯渇している。

※大陸棚
　　そこにできた山 ⇒ 陸島　　もとは
　　そこにあった台地 ⇒ バンク　同じ陸地
　　　　　　　　　　　とくに水深の浅い部分

Lecture 1　陸島と洋島　11

Lecture 2 地球の内的営力・外的営力
地球表面の凸凹はどうやってできる！？

　地球表面は、まさしく「山あり谷あり」でさまざまな地形をみることができます。それは、地球内部から受ける内的営力と、地球表面上で受ける外的営力とを、絶えず受けて地形が変形するからです。

　◀1　内的営力についてのまとめです。地球内部から受ける営力は巨大な力をもっています。狭い範囲で内部から力が加わればそこには「山」が形成されるでしょうし、広い範囲に内部から力が加わればそこには「陸」が形成されます。地球表面に形成された山地や大陸は、いってみれば「凸」ですね。このことから、内的営力は地球表面に凸をつくる作用と考えましょう。ほかに火山活動なども内的営力です。

　ノートは、部分的に狭い範囲で内的営力を受ける様子と、広い範囲で内的営力を受ける様子のそれぞれが描かれています。実にわかりやすい図ですね。陸の上で人が踊っていますが、山田さんは手持ちぶさただったので描いたのでしょうか（笑）。**このように、イラストにして視覚的に記憶として残していくことはとても重要なことですので、特に自然地理分野においては意識して視覚的にノートをまとめていきましょう。**もちろん、ノートのまとめに時間をかけすぎてしまっては元も子もありませんが、自分だけがわかればよいので、後で見返して復習しやすいノートを模索してください。

　◀2　外的営力についてまとめてあります。内的営力によって形成された山地や陸地は、その後の長い年月において同じ形を維持しているでしょうか？　時間が経てば経つほど、河川によって、氷河によって、海によって、それぞれ侵食されていきます。そして、内的営力によってつくられた凸が消えていくのです。このことから、外的営力は地球表面につくられた凸をなくす作用だと考えられますね。一般的に河川による侵食は、非常に狭い範囲にはたらきます。河川侵食（河食）によって削られた土砂は河川によって運搬され、どこかに堆積されます。こうして形成された平野は規模が小さく、堆積平野といいます。

⊙ 地球の内的営力, 外的営力

1️⃣ ※ 地球(内部)から加えられる力には2種類ある。

① 部分的

② 全体的(広範囲)

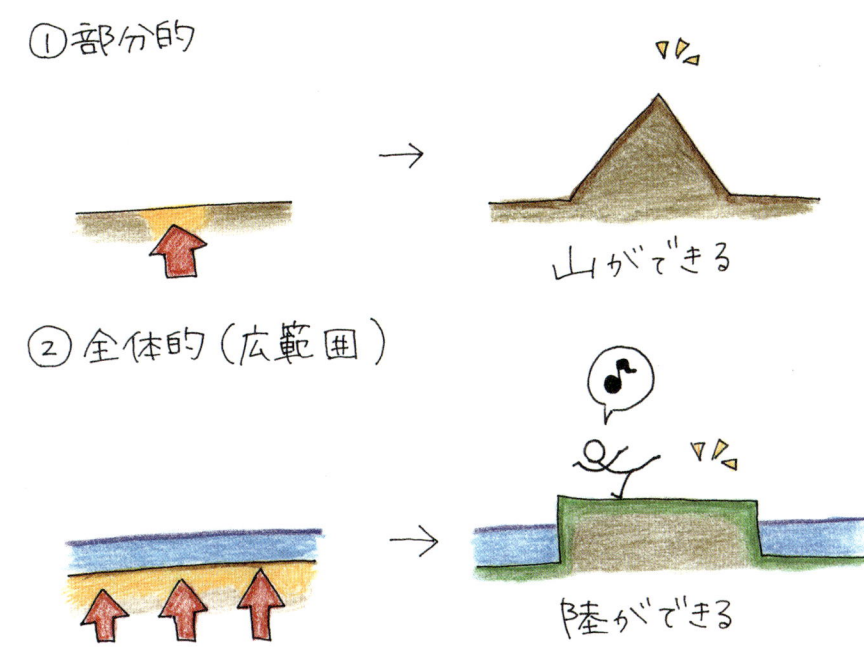

⇒ 内的営力 は 凸 をつくる。

2️⃣ ※ 地球(外部)から加えられる力

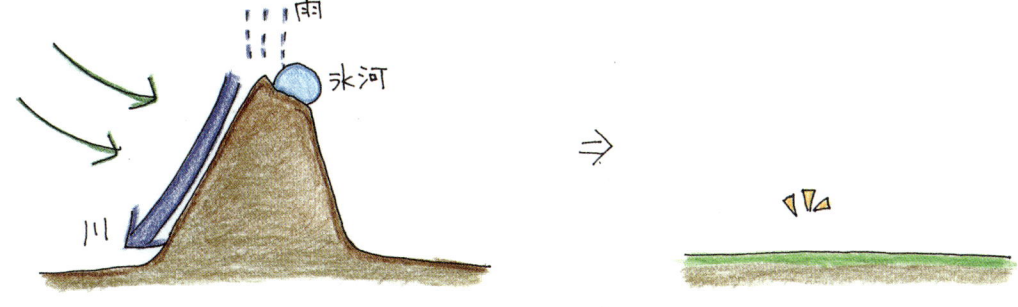

⇒ 外的営力 は 凸 をなくす。

Lecture 3 プレートテクトニクス Part 1
あの二人の関係は！？

　われわれが地理学を勉強するうえで、大陸移動説を唱えたアルフレッド・ロータル・ウェゲナーと、ケッペンの気候区分で有名なウラジミール・ペーター・ケッペンの二人の名前は避けて通れません。必ず聞く名前です。**しかし、その二人が親子だったとしたら驚きますか？**実は、ケッペンの娘婿がウェゲナーなんです。これは授業中に、よく私が話す雑談なのですが、◀1では、それをメモしてありますね。**こういう「遊び心」は授業を受けるうえでとても重要な心構えです。**　無駄なことを極力省いて、効率よく勉強したい気持ちはわかりますが、そうやって受験を突破して大学生になっても、受験勉強で習得した知識をすっかり忘れてしまっているようでは、やはりダメだと思うわけです。「へぇ〜、ケッペンとウェゲナーって親子だったんだ!?」という、こうした感動が研究意欲の原点にあると思うからです。電話を創った人も、テレビを創った人も、はたまたゲーム機を創った人も、未来に何を見たのでしょうか？**ドキドキワクワクしながら創造していったのだと思いますよ！**

　話を戻しましょう。プレートテクトニクスというのは、地球内部のマントル対流を原動力にプレートが動き、その上の大陸も動くという理論です。◀2**にあるようにウェゲナーの大陸移動説をもとに始まりました。**しかし、ウェゲナーは大陸を動かす原動力について言及することができず（◀3）、大陸移動説はあくまで仮説にすぎないものでした。かつて地球には一つの大陸があり（これに「パンゲア」と名付けた）、これが分裂していったというのがウェゲナーの仮説でした。

　その大陸移動説が、プレートテクトニクスによって証明されたのが1960年代後半の話。ウェゲナーの主著『大陸と海洋の起源』で大陸移動説を発表した1912年から、実に40年余の月日が流れていました。**ウェゲナーはプレートテクトニクスを知ることなく、1930年にこの世を去ります。**さて、自らの仮説を否定されたウェゲナーは、いったいどんな想いだったのでしょうか。

　大陸はその後も離合集散をくり返していきます。◀4のウェゲナーが名付けたパンゲアも北側のローラシアランド、南側のゴンドワナランドに二分裂し、さらに細かく分裂していきました。ローラシアランドはユーラシア大陸と北アメリカ大陸へ、ゴンドワナランドは南アメリカ大陸、アフリカ大陸、アラビア半島、マダガスカル、インド亜大陸、オーストラリア大陸、南極大陸へと分裂していきます。

◎ プレートテクトニクス

＊ A・ウェゲナー の 大陸移動説 より発展した。

＊ 大陸移動説

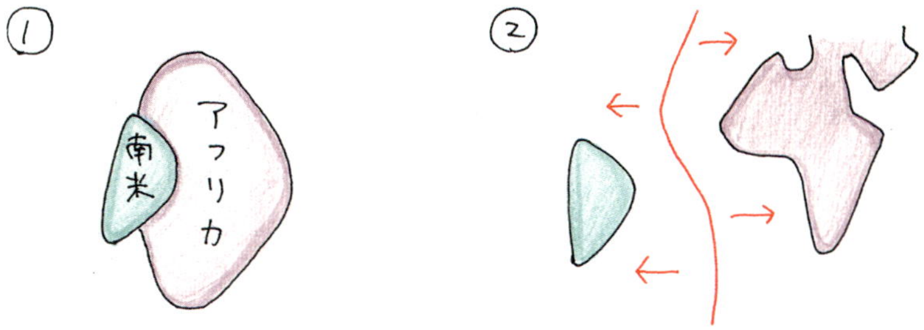

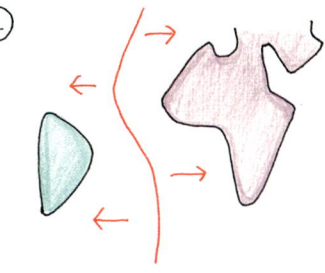

大陸移動の原動力を明らかにできず…。

＊ 古生代 後

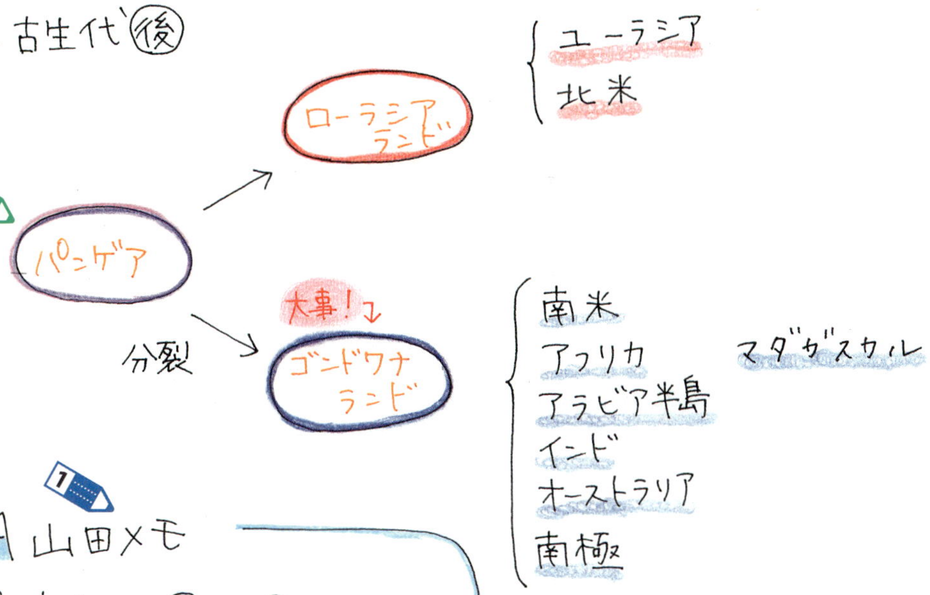

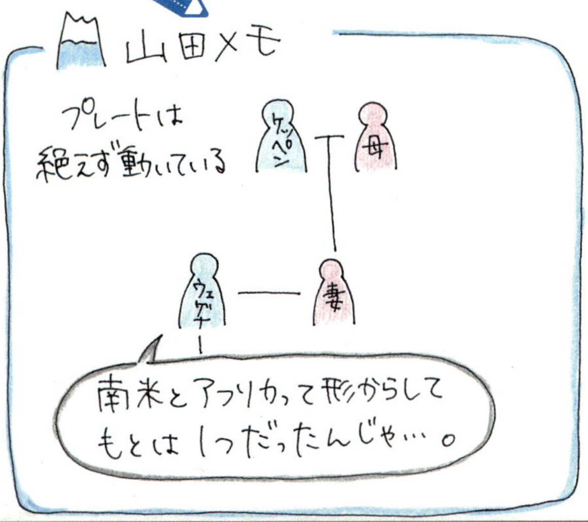

{ ユーラシア / 北米 } ← ローラシアランド

パンゲア

分裂 → 大事！ ゴンドワナランド { 南米 / アフリカ / アラビア半島 / インド / オーストラリア / 南極 }　マダガスカル

🏔 山田メモ

プレートは絶えず動いている

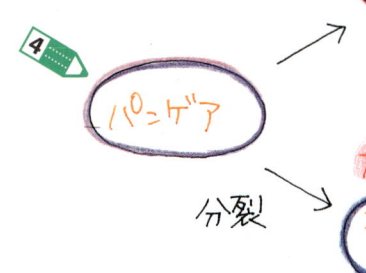

「南米とアフリカって形からしてもとは1つだったんじゃ…。」

Lecture 3　プレートテクトニクス Part 1　15

プレートテクトニクス Part 2
自然地理と人文地理のつながりを意識する！

　Lecture 3（→P.14）でプレートが離合集散をくり返しているというお話をしました。離合集散をくり返すということは、**プレートが離れていく場所があれば、プレートが集まってくる場所もあるというわけです。** その場所をプレートの境界といって、マントル対流の方向によって、広がる境界や狭まる境界をつくり出すわけです。 1 にあるように、**マントル対流を図示することでその意味が一目瞭然となるわけですね。**

　広がる境界とは、プレートが左右に広がっていく境界のこと。プレートが左右に引っ張られていきますので、割れ目からマグマが上昇して火山活動が活発となります。 2 のように、絶えずマグマが供給される場所なので、マグマが海中で冷やされて海底山脈を形成するのです。われわれは、この海底山脈を海嶺と呼んでいます。そして、**この広がる境界が海洋プレートが生成される場所なのです。**

　さて、広がる境界上に大陸があるとどうなるでしょうか？　もちろん、大陸は引き裂かれていくわけです。その過程を描いたのが 3 ですね。少しだけ引き裂かれて、海水が侵入して紅海ができたことがわかります。紅海の西側がアフリカ大陸、東側がアラビア半島なので、この二つはもともとつながっていたということです。**ゴンドワナランドが分裂していったというLecture 3でお話したことの理解が深まりますね。** このつながりが大事なわけです。欲をいえば、このノートでは紅海が高原上の湖のように見えてしまうので、もう少し工夫がほしいかもしれませんね（笑）。

　海洋プレートは、玄武岩を中心にさまざまな物質で形成された非常に重たいプレートですので、**広がる境界の周辺では玄武岩質の土壌がみられることがあります。** 玄武岩質の土壌はコーヒー豆の栽培に適しているといわれています。紅海の西側には、コーヒーの原産地として知られるエチオピアのカッファ地方が位置していますし、東側には、これまたコーヒー産地として有名なイエメンのモカが位置していますね。プレートテクトニクスはあくまで地形学、いわゆる自然地理分野のお話ですが、**このような自然地理分野と人文地理分野のつながりを学ぶことこそ、地理学を学ぶ醍醐味です。** 4 にもあるように、積極的にメモを取るようにしていきましょう。

＊境界

A
B
核

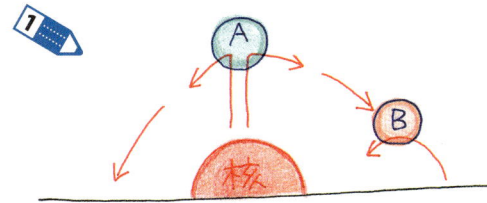

A：広がる境界
B：狭まる境界

Ⓐ 広がる境界

プレートが生成
海嶺がみられる

常にマグマが供給されて海で冷やされる。
⇒山ができる。

＊海嶺

1.
2.
プレート
マグマが上昇

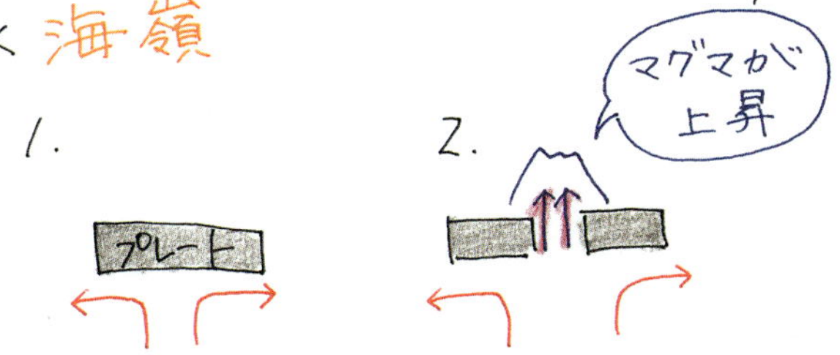

① 紅海

1.
2.
海水が侵入
紅海
アフリカ
アラビア半島
エチオピア
イエメン（モカ）

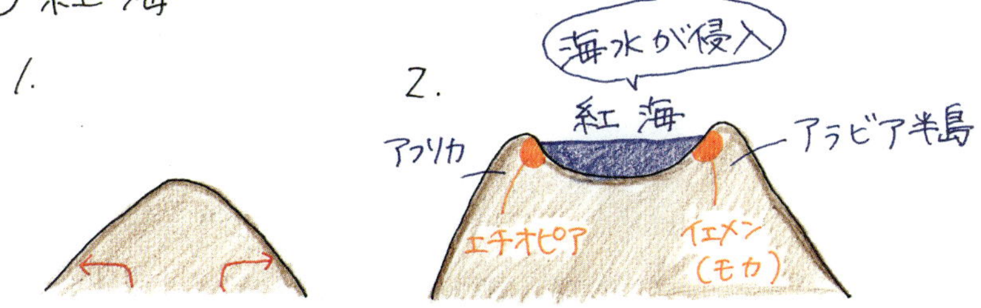

山田メモ

海嶺からでてくるマグマは玄武岩質
→ 周辺の土地も玄武岩質
→ コーヒーがよくとれる！

Lecture 5 プレートテクトニクス Part 3
忘れないうちにくり返しアウトプット！

　プレートが広がる境界は海底だけではなく、陸地でもみられます。地球上の陸地でみられる広がる境界の代表例が、アフリカ大地溝帯とアイスランド。◀1ではアフリカ大地溝帯について描かれています。とはいっても、「アフリカ大地溝帯」という文字だけでは、実際にアフリカ大陸のどこに位置しているのかわかるわけはありませんから、**しっかりと地図に位置情報を落とすことが基本ですね。** さらに、Lecture 4（➡P.16）で勉強したエチオピアのカッファ地方についての説明も記してあります。**「忘れないうちにくり返し」アウトプットすることは知識の定着にはとても重要なことですね。**

　プレートの境界では、断層運動が活発となります。 ◀2に示すように陸地が左右に引っ張られていきますので、地層に裂け目が入り、溝状の地形をつくり出します。これが地溝です。この地溝に水がたまってできたのが断層湖と呼ばれる湖。アフリカ大地溝帯にはタンガニーカ湖やマラウイ湖のように大規模な断層湖がみられます。できれば、◀1の地図に二つの湖の位置情報を落としておくとよかったですね。えっ!?　先生がそのように板書をすればよかったんじゃないかって？　そういう気持ちでいる以上、他人に差をつけることはできないことを重々承知してくださいね。板書を写すことがノートを取ることではありませんし、板書の骨格は同じでも、100人いれば100通りのノートにならなければいけないのですから。自分だけのノートです。ノートの綺麗さを他人と競うのでもありません。**自らの知的好奇心を満たし、学力向上に役立つノートづくりを心がけてくださいね。**

　◀3 **大西洋の中央部も広がる境界として知られていて、海嶺が縦断して分布しています。** これを大西洋中央海嶺といって、ここを境に左右に拡大していったのです。まさしく、ウェゲナーが唱えた大陸移動説が正しかったという証明でもあるのですね。そして、玄武岩質の土壌がみられることも記してありますね。南アメリカ大陸の大西洋岸に位置するのはブラジルです。そのブラジルが世界最大のコーヒー豆の生産量をほこる国であることがみえてきましたね。**知識がつながる瞬間、それは地理を学んでいることを実感する瞬間でもあります。**

② アフリカ大地溝帯

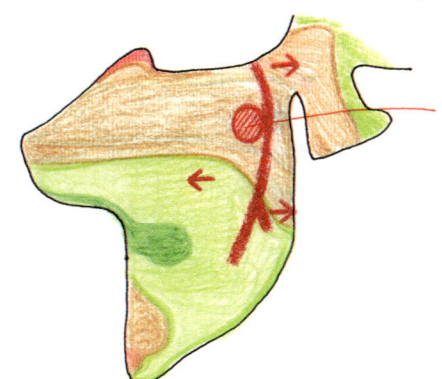

エチオピア
玄武岩だからコーヒー

カッファ→カッフィ→コーヒー
（地名）

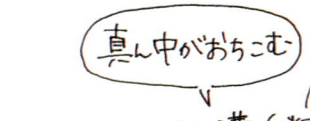

※ 断層運動がみられる
〈断層〉

1.
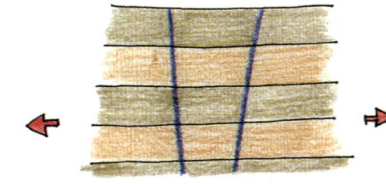

2.
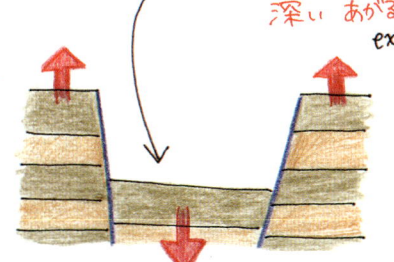

③ 大西洋
玄武岩質→コーヒー

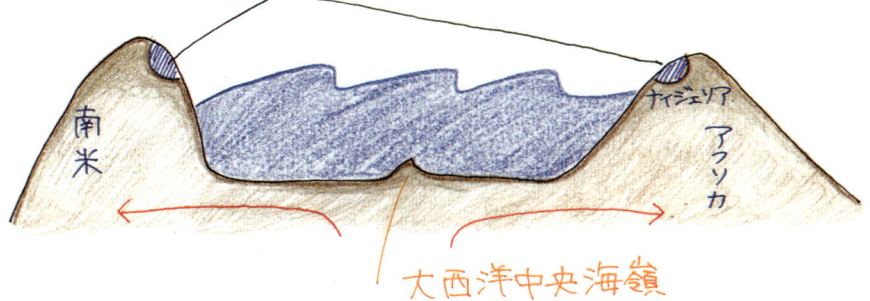

※ 氷河湖 ⇒ 浅い　ex) 五大湖
　　断層湖 ⇒ 深い　ex) タンガニーカ湖
　　　周りは高い
　　　→ 地図帳で色が濃い

Lecture 5　プレートテクトニクス Part 3　19

Lecture 6 プレートテクトニクス Part 4
メモは走り書きでよい！

　プレートの境界には、広がる境界のほかに狭まる境界があり、狭まる境界には衝突型と沈み込み型の二つの型があります。◁1では、衝突型についてまとめていますね。

　衝突型は大陸プレート同士が衝突する境界のことです。大陸プレートは、主に花崗岩などの物質からなる軽いプレートで、軽いプレート同士が衝突することで、褶曲構造をもつ地層が形成されることがあります。

　◁2　褶曲構造とは、水平だった地層が横から狭まる圧力を加えられたことによって、ぐにゃりと曲げられてできた地層のことです。地中には、地下水や、かつての動植物の遺骸、そして原油などの地下資源が存在しています。水平な状態の地層であれば、原油は薄く広く分布しますが、褶曲構造となったことで地下水の上に原油がたまり、厚い層を形成します。油は水より比重が軽いですからね。こういう時は、何かに例えて説明するとわかりやすいです。◁3のメモで示したように、「うすーいお皿」と「コップ」にそれぞれ液体を入れてみると、「うすーいお皿」は薄く広がってストローで吸いにくいけど、「コップ」は吸いやすいです。何気ない口頭説明ですが、メモを取ることで後で見返せるノートとなって理解が深まりますね。その際は、きっちりメモを取るのではなく、走り書きでよいと思います。メモはあくまで理解を助ける手段。それを綺麗に書く必要などないわけです。イソップ童話の「狐と鶴のご馳走」で、鶴が皿に入ったスープを飲めないという話と同じですね。実際は、別な教訓が含まれている話ですが。

　◁4では褶曲構造をもつことで地下水の上に原油がたたえられた様子が描かれています。褶曲構造のため原油の層は底面積が小さくなり、その分厚みを増し、採掘することが容易となるわけですね。となれば、どこを掘れば原油が出るのか？　もちろん、βの背斜ですね。αの向斜を掘っても原油はほとんど出ません。ペルシア湾を筆頭に、世界の大規模な原油産出地はこの褶曲構造をもつ地域であり、狭まる境界の衝突型であることがわかります。大きく捉えると、現在の新期造山帯と一致するわけですね。このような知識のつながり（私はこれを「知識の連鎖」と呼んでいます）を少しでも多く構築して現代世界をあらゆる角度からみていくことが地理学を学ぶ醍醐味といえるのです。

Ⓑ せばまる境界　現在のプレートの境界
　　ⓒ 新期造山帯
　ⅰ 衝突型 → 地図帳 最後のページで確認する!!
　　↳ 大陸プレート同士が衝突
　　　　軽い

〈特徴〉
　1. 褶曲運動 が起こる
　　　↳ 大山脈を形成
　　　　　ヒマラヤ山脈
　　　　　　（ユーラシア×インド＝オーストラリア）
　　　　　アルプス山脈
　　　　　　（アフリカ×ユーラシア）
　2. 原油、天然ガスの産出 ㊗
　3. アルプス＝ヒマラヤ造山帯

※褶曲運動

1.　　　　　　　2.　　㋐　㋑　― 原油
→　　　　←　　　　　　　　　― 地下水
　　　　　　　　　㋐向斜　㋑背斜 ⇒ 石油が産出
　　　　　　　　　大事!!

山田メモ
〈ストローで吸いやすいのはどっち？〉 
　　　　　　　　　　　　　↓
　うすーいお皿　コップ　　褶曲後の厚みを増した層は
うすく広がっている石油層は　　とりやすい。
とりにくい。（褶曲前）　　※石油はストローみたく
　　　　　　　　　　　　細いやつで吸いあげる。

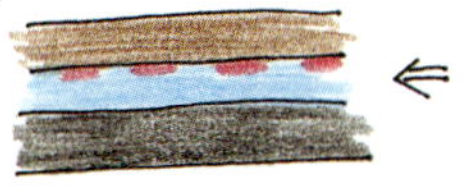

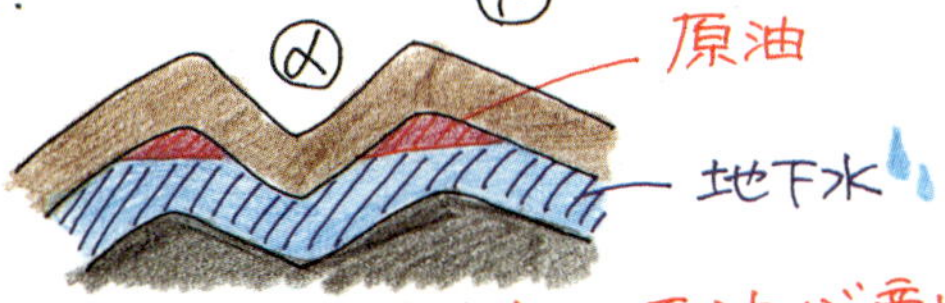

Lecture 6　プレートテクトニクス Part 4　　21

Lecture 7 プレートテクトニクス Part 5
地震が頻発する地域ってどこ？

　プレートテクトニクスの最後は狭まる境界の沈み込み型についてのまとめです。**重い海洋プレートが、軽い大陸プレートの下に沈み込む境界のことです。** 特徴としては、◀1 にあるように火山や海溝が形成され、地震が頻発する地域でもあり、自然環境を生かした地熱発電が行われている地域でもあります。また、広がる境界で生成された海洋プレートは、狭まる境界の沈み込み型で消滅します。

　特に、狭まる境界は新期造山帯と一致するのですが、なかでも沈み込み型は主に環太平洋造山帯などでみられる型です。そのため、わが国をはじめ、台湾や東南アジア諸国、ニュージーランド、アメリカ合衆国西海岸、チリなど、地震が頻発する地域として、みなさんもよく知っていると思います。

　さて、実際にどのようなメカニズムが発生しているのか理解を深めるには、**図示して説明するのがよいと思います。** 自然地理分野は積極的に図示することが重要です。◀2 では、日本列島周辺の4つのプレートについて図示してあります。大陸プレートであるユーラシアプレートと北米プレート、海洋プレートである太平洋プレートとフィリピン海プレートの4つです。プレートが大陸プレートなのか海洋プレートなのかを知っておくことは、すごく重要ですので、**色分けして一目瞭然の状態にしてありますね。** とても大事なノートの取り方です。

　◀3 では、◀2 の「$α-β$」の断面図が描かれています。太平洋プレートが北米プレートの下に沈み込んでいき、大陸プレートを引っかけながら、たわませていくことから海溝ができます。さらに沈み込んでいくとマグマが発生して、これが火山となっていきます。そのため、火山と海溝は一定の距離をおいて存在することとなり、**火山と海溝は平行に位置することとなるのです。** 火山は、島嶼(とうしょ)をつくり、これが列状となって弧状列島(こじょう)(島弧(とうこ))をつくります。

　海洋プレートが沈み込むときにたわんでいた大陸プレートは、その要因となる「引っかかり」がとれると元に戻ろうとして、地震が起きます。これが2011年3月11日に起こった東北地方太平洋沖地震（東日本大震災）の要因でした。甚大な被害を出し、今もなお復興に向けて多くの人々が日々模索しています。「崩れたもの」は元には戻らないかもしれませんが、一日も早い復興を遂げ、新しい日本を創ってほしいと思います。

22　Chapter I　自然地理は視覚的に捉えるのです

ⅱ 沈み込み型
　→ 大陸プレートの下に海洋プレートが沈み込む。
　　　　　軽い　　　　　　　重い

① 火山, 海溝, 地震
　　地熱発電が盛ん

〈特徴〉
　1. 火山, 地震 多
　2. プレートが消滅する
　3. 環太平洋造山帯

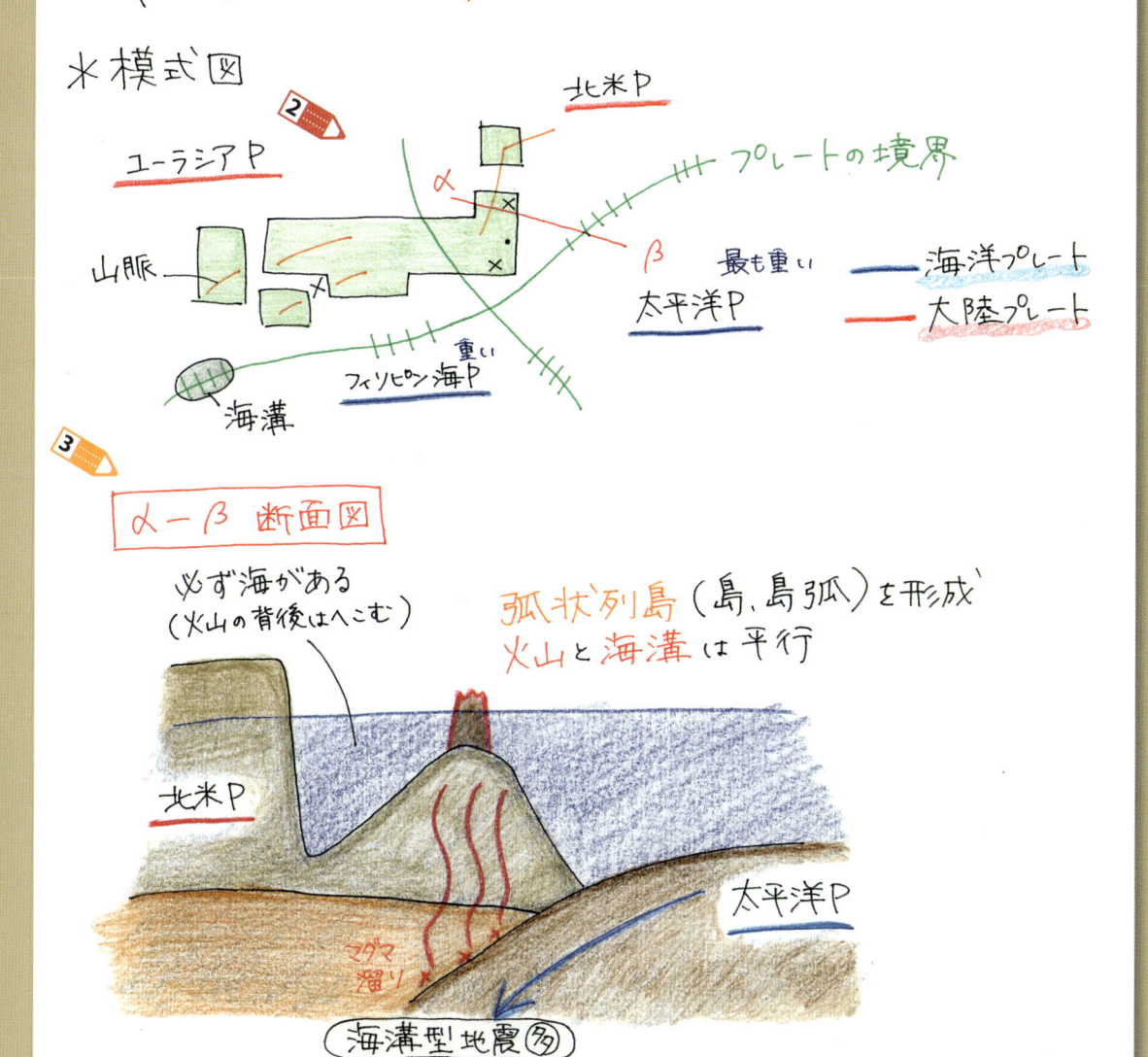

※ 模式図

② ユーラシアP　北米P
　　　　　　　　　　プレートの境界
　山脈　　　　　α
　　　　　　　　β　最も重い　── 海洋プレート
　　　　　　　太平洋P　　　　　── 大陸プレート
　海溝　　フィリピン海P　重い

③ α-β 断面図

必ず海がある　　弧状列島 (島, 島弧) を形成
(火山の背後はへこむ)　火山と海溝は平行

北米P　　　　　　　　　太平洋P
　　　　マグマ溜り
　　　海溝型地震 多

Column I 写真と地形図を見比べてみる

　兵庫県伊丹市に、昆陽池公園という有名な公園があります。冬になると、多いときはカモが4000羽も訪れるそうで、まさに野鳥の楽園といった感じ。この昆陽池は奈良時代に、行基が治水工事をしたことに始まる歴史ある池。水辺に沿って水鳥の観察ができる「草生地広場」、池を見渡せる「昆陽池センター」、1年中チョウが乱舞する「伊丹市昆虫館」などがあります。

　かつて、レオという名のインコを飼っていたことがあったくらいで、別に私はとりわけ「鳥大好き人間」でもなければ、「鳥人間コンテスト」に出場したこともありません。しかし、この鳥瞰写真を見ると、心がふるえます。昆陽池の真ん中には日本列島を形取った緑地帯があるんです。これこそ地理マニアの間では有名な昆陽池の顔。

　写真を見てみるとたしかに日本列島の図が見えます。やはりこれを見せられたら、地形図マニアの血が騒ぎますね。

　地形図、見つけてきましたよ！　これです！　ババーン！

　地形図でこの昆陽池を見てみても、はっきりとその日本列島の形がわかります。南プロヴァンス風とか、アジアンテイストだとかいろいろなインテリアがありますが、何よりもこの日本列島の緑地帯にセンスを感じる私は、馬と鹿の区別が付かないのでしょうかね。昆陽池は伊丹市です。ということは、大阪国際空港が近くにあります。

　ひらめきました！！！！　この昆陽池を上空から見てみよう！

　昆陽池の緑地帯を見るためだけに、羽田発－伊丹行の飛行機に乗るって……、あり……？　さすがに無理がありますかね………。

Chapter II

メモは他人様に見せるためのものではありません

- **Lecture 8** 地球の大きさ
- **Lecture 9** 大地形区分 Part 1
- **Lecture 10** 大地形区分 Part 2
- **Lecture 11** 大地形区分 Part 3

- **Column II** 半径 64 cm の地球儀

Lecture 8 地球の大きさ
人間はいかに小さい存在であるかがわかる話

　「地球の大きさ」についての入試問題は数多く出題されます。半径、赤道全周、表面積、陸地の平均高度、海洋の平均深度など、枚挙にいとまがありません。

　◁1 は「地球の大きさ」についてまとめたノートです。地球の大きさは回転楕円体といって、やや南北につぶされた形をした球体ということです。やや南北につぶされた形ということから、赤道全周の長さが40,075km、子午線全周の長さは40,009kmで、赤道全周の方がやや長いわけです（◁2）が、ほぼ40,000kmと考えてよいですし、地球は「ほぼ球体」であると考えてよいでしょう。ちなみに、地球はほぼ球体であることから、どこを切っても切り口は円となります。その円周が40,000kmとなるものを大円といい、先述の赤道全周と子午線全周は大円ということとなります。

　地球上で最も標高の高いところはエヴェレスト山の8,850m、海底の最深部チャレンジャー海淵は－10,920mです（◁3）。その高低差は20,000m。地球の半径は6,400kmですから、この高低差20,000mを半径64cmの地球儀で表すと約2mm。これはセンター試験でも出題されたことのある有名な話です。

　さて、われわれ人類は、地球のどこに住んでいるでしょうか？　海中には住めません。標高の高いところにも住めませんが、熱帯地域では4,000m程度、温帯地域ではせいぜい3,000mくらいまでは居住していることでしょう。となると、半径64cmの地球儀で、人が住めるのは0.3～0.4mmということとなりますね（◁4）。このことをみると、**人間がいかに地球にとって小さい生命体なのかがわかります。**しかし、その人間は宇宙の広さを知ることができる。まさしく「人は考える葦である」という有名な言葉を実感する瞬間ですね。こういう知的好奇心を満たすような話は、積極的にメモを取りましょう！
　一見、無駄なことのように思われますが、こういう無駄なことが、みなさんの豊かな人生を創っていくのだと、私は思います。

　◁5 では、北半球のみの地球が描かれていますね。日ごろ一枚の世界地図を通して見ているとわからない、緯度60度全周が赤道全周より短いということは一目瞭然ですね。当たり前のことなんですけどね。

26　Chapter II　メモは他人様に見せるためのものではありません

◎地球の大きさ

① かたち → 回転楕円体（赤道 > 子午線）
　半径 → 6400km
　全周 → 40000km（赤道 > 子午線）
　経線 → 地軸に平行
　　　　（本初子午線）
　緯線 → 赤道に平行
　表面積 → 5.1億km²
　陸地の平均高度 → 875m

赤道のほうが長い
↓
よこなが

☆ 陸地で最も高い → エベレスト山 8850m
　海底で最も深い → チャレンジャー海淵 −10920m
　　　　　　　　　　（マリアナ海溝）

高低差 約 20000m

ちなみに...
　半径64cmの地球だとすると 2mm
　人が住めるのは 0.3mm

② 緯度60度全周

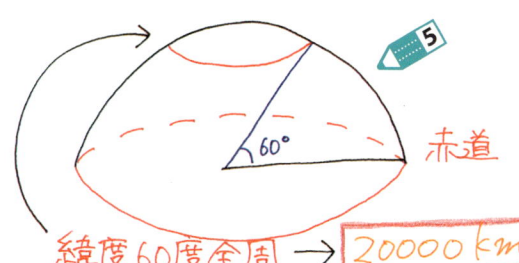

緯度60度全周 → 20000km

＊大円上の1度の距離　111km/度
　（全周40000km）　（40000km÷360度）

＊60度全周上の1度の距離　56km/度
　　　　　　　　　　　（20000km÷360度）

Lecture 9 大地形区分 Part 1
メモは自分がわかればよい！

　地球46億年の歴史のなかで、動植物の変遷によって区分した相対年代、放射性同位体を利用した数値で区分した絶対年代、これらを利用して地球の地質を区分したものを地質時代区分といいます。**地質時代区分は、先カンブリア時代（46〜5.4億年前）、古生代（5.4〜2.5億年前）、中生代（2.5〜0.65億年）、新生代（0.65億年前〜現在）の4つに大きく分けることができます。** これらを一つの線上で表したのが◀️1️⃣です。

　先カンブリア時代は、約40億年もの長い年月ですから、侵食されている時間も長いわけです。侵食期間が長ければ長いほど、地形は平坦になっていきます。そのため、**先カンブリア時代に形成された地形のほとんどが低平な土地で、安定した陸塊となっています。** これを安定陸塊と呼ぶわけですね。各時代とその地形的特徴が一目瞭然となるように、◀️2️⃣に形が描かれています。そして、その理由が◀️3️⃣に書いてありますね。**この因果関係のつながりが後で見返してわかるようにノートを取ることが重要です。**

　地球が誕生して1億年、その頃から脱ガスした水蒸気が雨となって、長い間降り続き、海洋をつくり出しました。これによって、地球を覆っていたと考えられる二酸化炭素（CO_2）が海水中に溶けていき、カルシウム（Ca）と結合して石灰岩（炭酸カルシウム：$CaCO_3$）をつくりました。27億年前には、海水中に光合成をする生物が繁殖し始め、海水中の酸素が増え始めると、海水中の鉄を酸化させて酸化鉄をつくり出します。**これが「鉄鉱石の素」となるのです。** だから、**安定陸塊では鉄鉱石の産出が多い**わけですね（◀️4️⃣）。そして大気中に酸素が増加し始め、徐々に生物が陸地でも生活できるようになる基礎が構築されていきます。

　鉄鋼をつくり出す資源として、鉄鉱石と石炭、石灰石などが必要です。鉄鉱石は酸化鉄なので、酸化還元反応によって酸素を取り出す必要があり、コークスが用いられます。ようするに、「石炭の主な用途には、鉄鋼業や火力発電がある」という話の背景知識となるわけです。山田さんは、◀️5️⃣でまとめていますが、化学式が明らかに間違っています（笑）。しかし、**「鉄鋼をつくるための化学式を覚える」ことが目的ではないので、自分が何を目的としているかによって、メモは簡略化していいと思います。** もちろんウソは困るので、正しい知識を知ったうえで、簡略化して記憶に残りやすいノートづくりを進めていきましょう。

Chapter II　メモは他人様に見せるためのものではありません

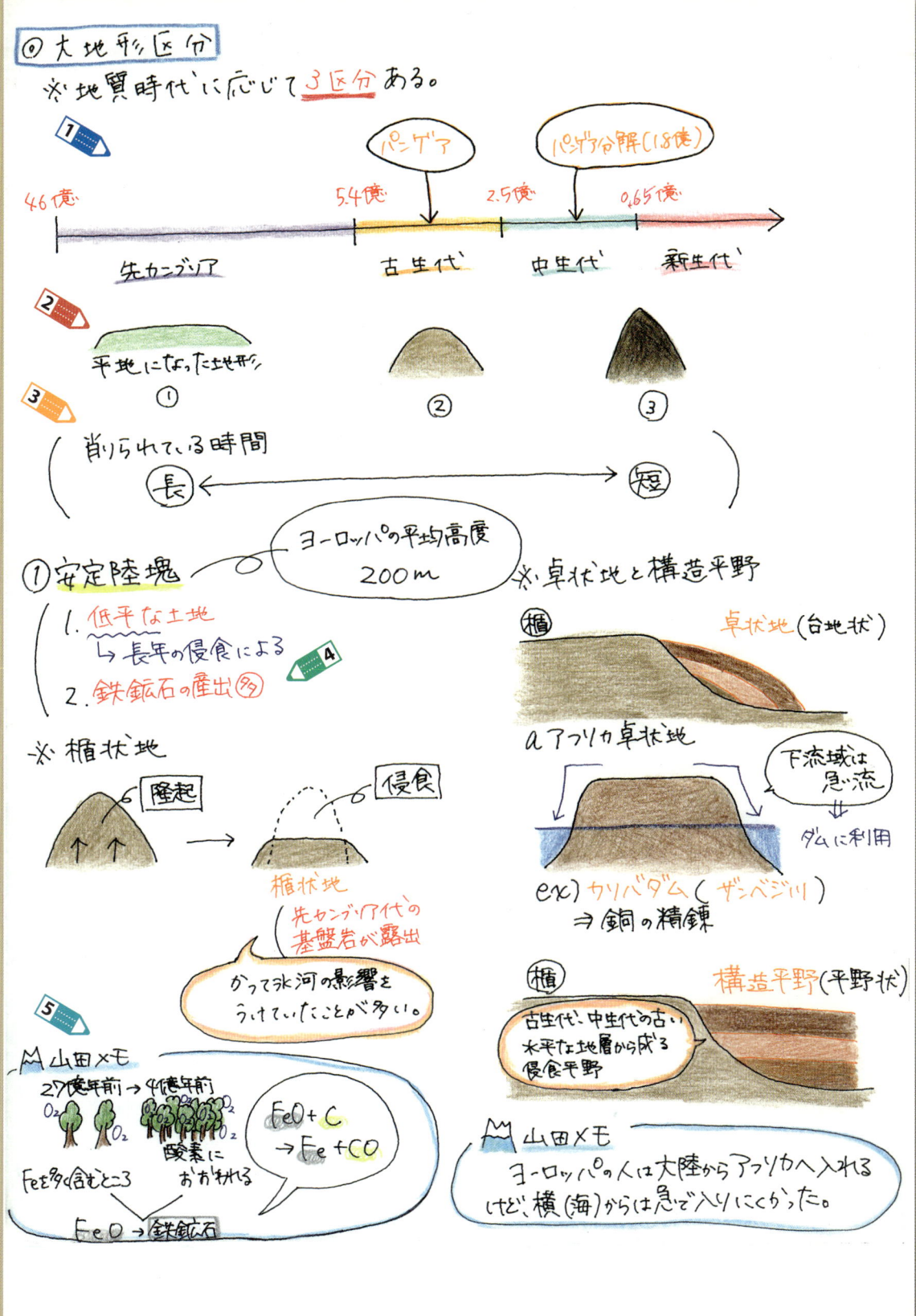

大地形区分 Part 2
出題されないからといって学ばなくてよいわけではない！

　大地形は地質時代区分に応じて3つに分けられます。古期造山帯は古生代（5.4～2.5億年前）に形成された山地群のこと。古生代にプレートの境界だった地域でみられます。約40億年の年月があった先カンブリア時代ほどではありませんが、古期造山帯も比較的長い年月の侵食を受けて形成されたものです。そのため、**低くなだらかな山地が多いことが特徴的です**（◀1）。世界には、数多くの古期造山帯が存在しますが、なかでもペニン山脈、スカンディナヴィア山脈、ドラケンスバーグ山脈、グレートディヴァイディング山脈、ウラル山脈、アパラチア山脈、テンシャン山脈、アルタイ山脈の8つは入試頻出の古期造山帯です。口頭説明しましたが、山田さんはしっかりとメモを取っていましたね（◀2）。**板書から得られる情報だけノートを取っても、他人とは差がつかない。** これは誰もがわかる話ですね。積極的に知識量を増やしていきましょう。

　古生代には、石炭紀と呼ばれる、シダ植物が大繁茂した時代がありました。この頃になるとオゾン層が形成され、動植物の陸上への進出が開始された時代でもあります。リンボクやロボク、フウインボクなどといったシダ植物が地球上に大森林を形成した時代、これが石炭紀です。**このシダ植物の化石が、現在われわれがさまざまな場面で利用している石炭となるわけです**（◀3）。だからこそ、古期造山帯では石炭の産出が多いのです。

　◀4　古生代には、**二度の大きな造山運動が起こったとされています。**一回目の造山運動によって形成されたのがカレドニア造山帯、二回目がヘルシニア造山帯です。そしてその二回の造山運動に挟まれるようにして石炭紀が存在します。ここで「石炭の素」が登場すると考えれば、**ヘルシニア造山帯の方が石炭の産出が多いことがわかりますね。**

　二つの造山帯の位置を記したヨーロッパの図（あまりに簡略化していますが…）が◀5です。カレドニア造山帯は石炭紀より前に起こった造山運動によって形成された山地群ですので、ヘルシニア造山帯ほど石炭は産出しません。**ヘルシニア造山帯の位置がある程度わかっていれば、石炭の産出地も把握できます。**すると、「ポーランドの火力発電の中心は石炭である」という知識と連鎖することができるのです。実際の入試問題には、この二つの造山運動の名称が問われることはまずありませんが、**出題されないからといって学ばなくてよいということではないのです。**何か別の事象の背景となることがありますので、今回に限らずこうした知識をおざなりにせずしっかりと学んでいきましょう。

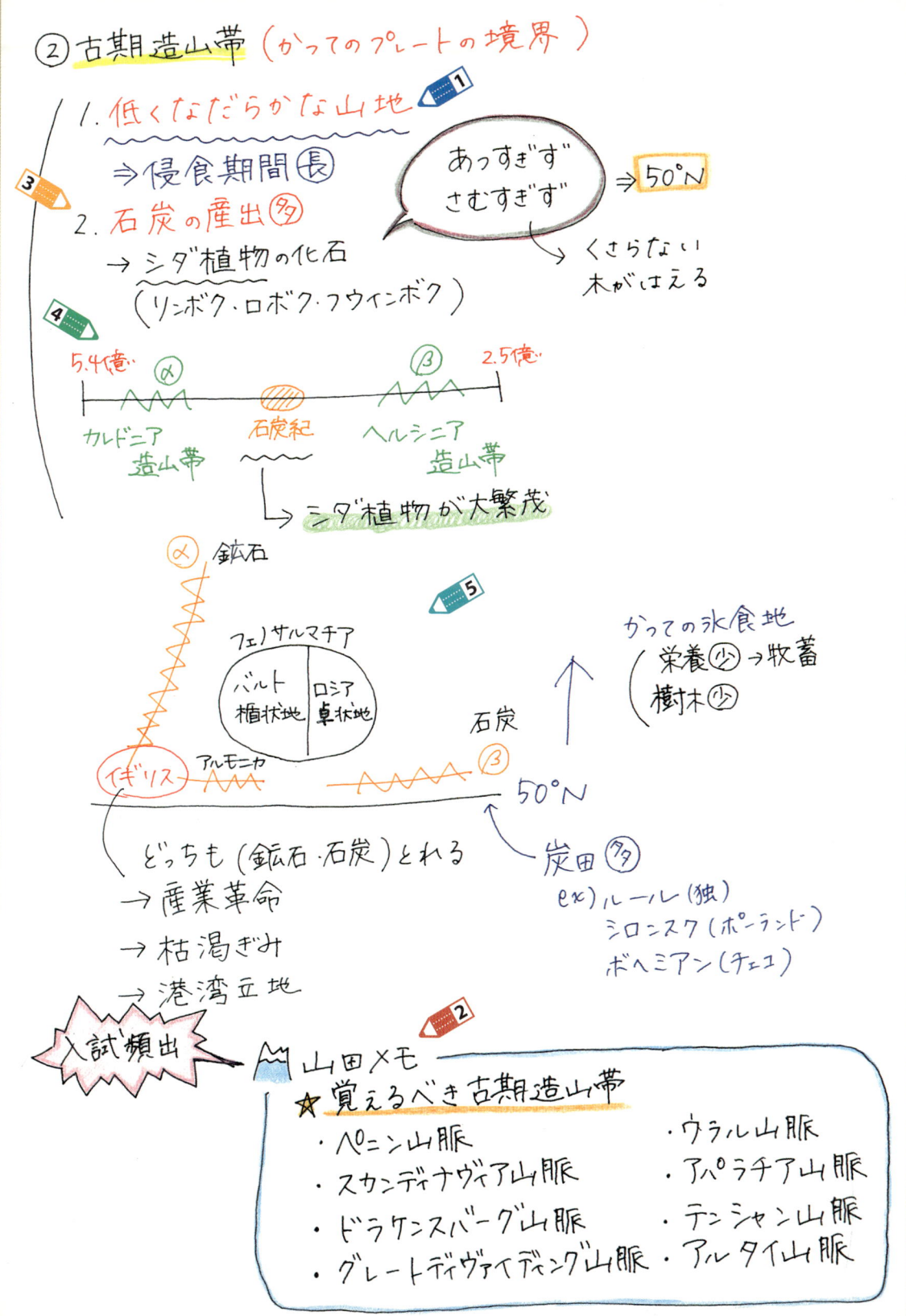

Lecture 11 大地形区分 Part 3
文字を細かく頭にたたき込んでもすぐ忘れます！

　大地形区分の最後は、新期造山帯。新期造山帯は狭まる境界と一致する地域。中生代から新生代にかけて造山運動を受けているので、安定陸塊や古期造山帯と比べると、その後の侵食されている時間が短い。そのため高く険しい山地として残っているのです（◁1）。狭まる境界のうち、環太平洋造山帯は沈み込み型、アルプス＝ヒマラヤ造山帯は衝突型です。◁2の環太平洋造山帯では火山や地震が多く、海溝がみられ、銅鉱やすず鉱などの産出が盛んです。世界最大の銅鉱の産出国であるチリは、まさしく環太平洋造山帯に位置する国ですね。◁3のアルプス＝ヒマラヤ造山帯は褶曲運動が生じて大山脈を形成し、原油や天然ガスの産出が多くみられます。ペルシア湾は原油の埋蔵量が非常に多く、地政学的リスクが大きい地域でもありますね。

　新期造山帯の分布域は必ず知っておく必要があります。新期造山帯の分布域の情報を地図上に落としていけば、上記の内容が世界のどこでみられるものなのかがわかります。**文字を細かく頭にたたき込むよりは、遙かに記憶として定着するはずです。**◁4では環太平洋造山帯の分布域は青色、アルプス＝ヒマラヤ造山帯の分布域は赤色でそれぞれ示してありますね。まるで東京の山手線と京王線の沿線を見ているような形状となっていますね（笑）。二つの路線が合わさる新宿駅に該当するのが、東南アジアのスラウェシ島。まるでアルファベットの「K」のような形をしていることで有名です。ちなみに、スラウェシ島の東にはハルマヘラ島という「小さいK」の形をした島もあります。

　新期造山帯の中でも環太平洋造山帯下では火山がみられます。これは狭まる境界の沈み込み型だからですね。火山は狭まる境界以外の、広がる境界やホットスポットでもみられます。広がる境界は基本的には海底で存在するものですが、アイスランドやアフリカ大地溝帯などの陸地でみられるものもあります（◁5）。アイスランドは火山活動が活発なため、これを利用した地熱発電が盛んに行われており、総発電量に占める割合が約25％を数えます。また2010年にアイスランドのエイヤフィヤトラヨークトルの火山噴火によって、西北ヨーロッパ諸国において航空機の運航に混乱をもたらしたことは記憶に新しいですね。

　火山はホットスポットでもみられます。これは狭まる境界や広がる境界のようにプレートの境界ではなくプレート上でみられる火山で、**その位置が変わりません。そのため、プレートの移動にともなってホットスポット上で形成された火山も移動して火山列をつくっていくのです。**その様子を表したのが◁6ですね。ハワイが世界最大のホットスポットとして有名です。

③ <u>新期造山帯</u>（現在のプレートの境界）
　　　　　　　　　↳ せばまる境界

1. 高く険しい山地
　　↳ 侵食期間 ㊗短
2. 環太平洋造山帯（沈み込み型）
　ⅰ 火山・地震 ㊗多
　ⅱ 銅鉱、すず鉱の産出 ㊗多
3. アルプス＝ヒマラヤ造山帯（衝突型）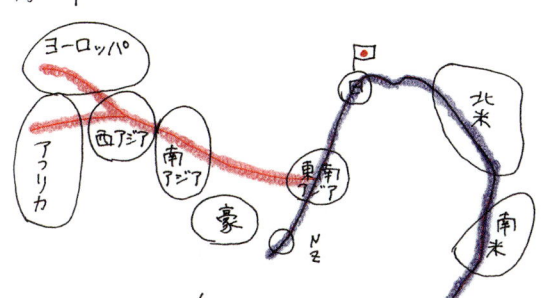
　ⅰ 大山脈を形成
　ⅱ 原油、天然ガスの産出 ㊗多

※ 分布（新期造山帯）　　　　　　　

━━ → 環太平洋造山帯
━━ → アルプス＝ヒマラヤ造山帯
この2つは スラウェシ島 で会合。

アルファベット『K』で覚える!!

※ 火山の分布
　↳ マグマの供給 ㊗有
1. せばまる境界（沈み込み型）⇒ 特に環太平洋造
2. 広がる境界 ⇒ アフリカ大地溝帯、アイスランド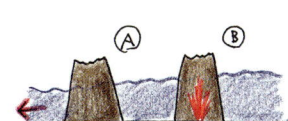
3. ホットスポット → プレート上 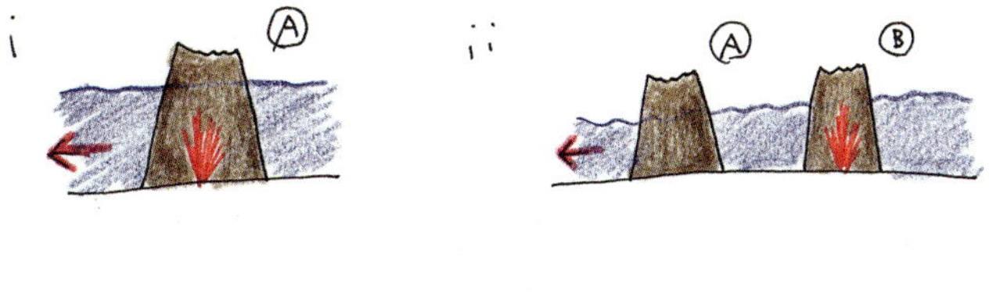
　ⅰ　　　　　　ⅱ

Lecture 11　大地形区分 Part 3

Column II 半径64cmの地球儀

　世の中にはありとあらゆる地図がありますが、**地球を正確に縮小して表すには地球儀しかありません。** みなさんがお持ちの地球儀はどれくらいの大きさでしょうか。地球儀の大きさもさまざまで、最近では地球儀が実際の地球と同じように自転するものや、地球内部からライトが当てられるモノまで、種類も豊富です。わが家、といっても実家にも直径30センチほどの地球儀があります。買ってもらった頃は、ただただクルクル回すだけのものだったり、変な地名を探すだけの道具にしかすぎませんでした。**ただ、その地球儀にはまだ「ソビエト」という国が君臨していますが…。**

　地球の半径はおよそ6400km。 $2\pi r$から赤道全周約40,000km、$4\pi r^2$で表面積約5.1億km^{2}も計算できます。さて、キリがいいので半径64cmの地球儀があったとします。**縮尺は1000万分の1。** 世界最高峰のエヴェレストは8,850mで、地球儀上では0.885mm。世界最深部のマリアナ海溝チャレンジャー海淵は－10,920mで、地球儀上では－1.092mm。**その差はおよそ約2mm。** しかし、想像してみてください。半径64cmの地球儀は、直径が128cm。小学生一人くらいの大きさです。その大きさで2mmなら、目に見えてわかる長さではありません。人間は、その2mmの半分にも満たないところで生活しており、地球上の生物のすべてがその2mmの中に密集しているわけです。巷で販売されている地球儀には、凹凸を付けたモノがありますが、あれがいかに誇張表現されているかがわかります。**本来凹凸なんてないに等しい。**

　この半径64cmの地球儀において、水はどれくらい存在するかというと1,400mℓにしかなりません。 1,500mℓのペットボトルの内容量よりも少ない量です。われわれが生活に使える水は、地球上の2.5％の陸水のさらに0.6％の河川水ですから、この地球儀上では、計算すると0.21mℓ（＝1,400mℓ×2.5％×0.6％）にしかなりません。一滴にもなりませんね。**増えゆく人口のなか、** 水をめぐる戦争が起きても不思議ではないかもしれませんね。

Chapter III

地理とは日常生活の延長上に存在するものです

- **Lecture 12**　国家の三要素
- **Lecture 13**　国境の分類　**Part 1**
- **Lecture 14**　国境の分類　**Part 2**
- **Lecture 15**　集落の分類　**Part 1**
- **Lecture 16**　集落の分類　**Part 2**
- **Lecture 17**　集落の分類　**Part 3**

- **Column III**　見分けがつかない二つの国旗　**Part 1**

Lecture 12 国家の三要素
現代世界は日々移ろいゆくものです

　最初に断っておきますが、現在（2013年2月）、世界に存在する国家は196カ国です。◀️1 を見てわかるように、この板書は以前のものです。現在はわが国とわが国が承認する国家数195か国に北朝鮮を加えた196カ国が存在しています。地理という科目は「現代世界」を勉強していく科目です。日々情報は移り変わっていきますので、受験が終わったから終わりではなく、現代世界をつぶさに観察することは現代人としては当然のことです。受験が終わっても、ノートは捨てずに日々情報を確認する道具として使ってほしいですね。

　さて、「国家とは何か？」と考えたことありますか？　国家の定義とは、1934年に発効されたモンテビデオ条約（国家の権利および義務に関する条約）の第1条で、①永久的住民、②明確な領域、③政府、④外国と関係を結ぶ能力をもつ国、と定義されています。これがいわゆる「国民・領域・主権」の三要素で表されるものですね。

　そのうち、国家の主権が適用される範囲を示した領域について、◀️2 で詳しく説明してあります。領土とは国土面積のことで、わが国の国土面積は37.8万km^2。「狭い日本、そんなに急いでどこへ行く？」なんていうことがよくありますし、わが国の国土面積はアメリカ合衆国や中国の25分の1、カナダの26分の1、ロシアの45分の1ですので非常に小さいものと思われがち。しかし、196カ国中61位であり、上位3分の1に入るほど、わが国は比較的広い国なのです（ノートは南スーダンが独立する以前のものであるため、「60位」と記述）。この発想が大事です。特定の国との比較ではなく、世界の中でどれほどの規模をもつものなのか？この情報を積極的にノートに記してほしいと思います。そうでなければ、真の姿は見えてきませんからね。

　◀️3 では領海と経済水域、公海についてのまとめがあります。最低潮位線から12海里までを領海、200海里までを経済水域とそれぞれ呼ぶわけですが、文字よりは視覚で記憶を定着させましょう！　◀️3 の図はいくらでも工夫ができそうですね。海洋の断面図を書くのもよいかもしれません。こうすることで「どっちが領海で、どっちが経済水域だったっけ？」と間違うこともなくなるでしょう（この単元は、こんなの描かなくてもすぐ覚えられるとは思いますけども…）。ノートの取り方としては、心がけたい意識ですね。

36　Chapter III　地理とは日常生活の延長上に存在するものです

◎ 国家の三要素

国家 … 194ヶ国 ◀┅1
（バチカン市国、コソヴォは国連非加盟）
↓
「主権」、「国民」、「領域」の要素をもつ

※ 領域 ◀┅2

a. 領土（≒国土面積）　　　　（比較的広い）
　日本は **38万km²**
　　└→ 世60位（上位 1/3）

b. 領海 ⇒ 国連海洋法条約 により規定

領土　　領海（12海里）

経済水域（**200海里**）
（水域内の資源は沿岸国が主権をもつ）

┅▶3

公海
あらゆる国籍を有する船舶の
航行の自由 認
└→「公海自由の原則」byグロティウス

c. 領空
　領土と領海の上空
　⇒ 宇宙空間は含まない

※ 1海里 = 1分の距離 = 1/60度の距離 = 40000km ÷ 360度 ≒ 60
　　　　≒ 1852m/海里
　12海里 = 22km　　200海里 = 370km

Lecture 12　国家の三要素　37

Lecture 13 国境の分類 Part 1
周辺知識も一緒に覚えてしまう！

　さて、国境というのは、山岳や河川、湖沼、海洋などの自然を利用して設けられた自然国境、人間が意図的に設けた人為国境の二つに大きく分けられます。国境は、外国から容易に侵入や侵略されないという隔離性が重要ですが、一方で国家間の交流が容易に行える交流性も必要となるので、相反するものなのですね。

　自然国境にはそれぞれ一長一短があるのですが、隔離性・交流性ともに、ある程度優れているのが海洋国境なんです。海洋国家であるわが国は、非常に理想的な国境を有しているといえます。

	山岳国境	河川国境	湖沼国境	海洋国境
隔離性	○	×	△	○
交流性	×	○	○	○

　◀1 では山岳国境の代表例として、スペインとフランスの国境山脈であるピレネー山脈についてまとめてありますね。なぜピレネー山脈なのか、という疑問はいったん忘れてもらって、重要なのは、ピレネー山脈についての説明だからといって、ピレネー山脈だけをノートにまとめるのはよくないということ。周辺の環境も描けるだけ描いていくことが重要なのです。カナリア海流、ビスケー湾、アルプス山脈にディナルアルプス山脈、そして北緯40度まで描いてあります。カナリア海流が寒流であることから、「青色」で描いてあるところがいいですね。こうした工夫によってカナリア海流が寒流であることは忘れないと思うし、寒流であるからこそ、周辺海域では漁業が盛んに行われることも理解できるはずです。知識は単独で成り立たない、知識が連鎖して世の中が成り立つことを今一度理解してほしい！

　◀2 では人為国境が描かれています。「北緯22度はエジプトとスーダンの、東経25度はリビアとエジプト、スーダンのそれぞれ国境線となる」と文字で覚えていくのではなく、実際に簡略図を描いて、そして最後は地図帳で確認する。この作業がとにかく重要なんです。◀1 と同様に、周辺の情報はどんどん追記していきましょう！

◎ 国境の分類

国境 ─┬─ 自然国境
　　　└─ 人為国境

① 自然国境

　a. 山岳国境
　→ 隔離性、防御性が強く交流性が弱い。

　※ 南ヨーロッパ

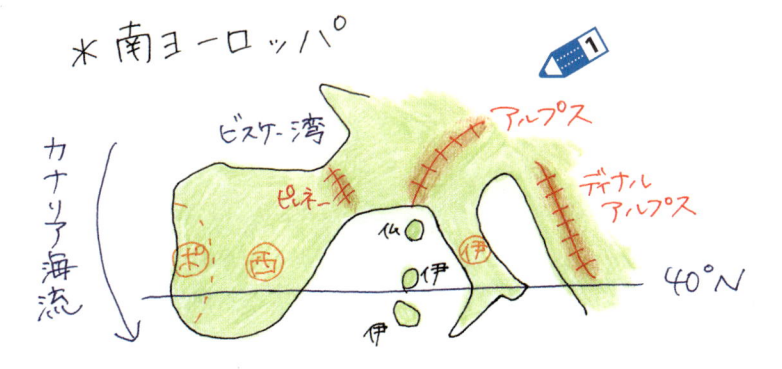

（図：ビスケー湾、アルプス、ピレネー、ディナルアルプス、カナリア海流、仏、西、伊、40°N）

② 人為国境

　a. 数理国境
　→ 経緯線を利用して置かれた直線国境

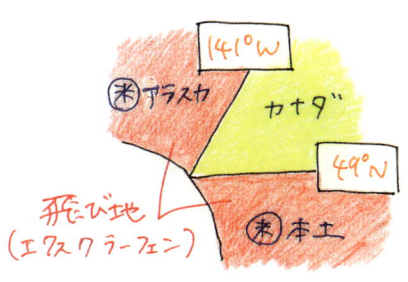

（図：リビア、エジプト 25°E、スーダン 22°N）

（図：米アラスカ 141°W、カナダ、49°N、米本土、飛び地（エクスクラーフェン））

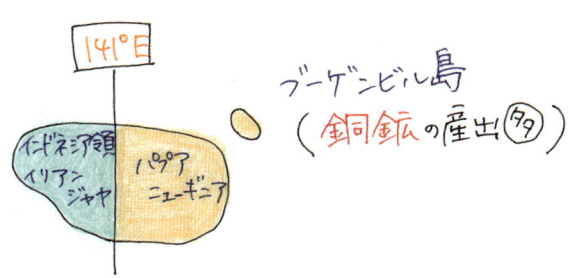

（図：141°E、インドネシア領イリアンジャヤ、パプアニューギニア、ブーゲンビル島（銅鉱の産出 多））

Lecture 14 国境の分類 Part 2
「例え」を用いて理解力を深める！

「国境の分類」の続きです。

人為国境の中には上置国境というのがあります。これはヨーロッパの国々が入植するにあたって、地図上で「あーだ、こーだ」言いながら勝手に境界を決めてしまった（これを「先行境界」といいます）ため、民族の分布を無視して置かれた植民地境界がそのまま国境となったものです。

これは非常にまずい！　何がまずいかというと、上置国境によって異なる民族が同じ国に同居することになるからなんですね。民族というのは、元来、言語や宗教などの文化的要素によって分類された人類の集団のことをいうわけで、異なる文化をもった民族同士が一つの国に同居することは、何かしらの「紛争の火種」となりやすいわけです。

と、言葉で説明して、一回で記憶として残りましたか？　残らないでしょう？　たぶん、詳細に理解しようと、二度、三度と読み返すのではないでしょうか。だから、その対立の様子を図で示してみてはどうでしょうか。 1 を見ると、A国とB国によって分断されたために、プルプル族がB国内で少数民族となってしまう様子がわかりますね。ノートには描いていませんが、もし、B国内のプルプル族居住地域で鉱産資源の埋蔵が確認されればどうなるでしょうか？　その鉱産資源を背景に経済的自立が可能となるならば、違う民族と同じ国で同居する必要はないわけで、独立を目指すのは必然のこと。さらには、独立後の利権を巡って後方から支援する国まで現れたとするならば、もうこの独立戦争は混沌を極めることとなるのです。例えば、カフカス地方にあるチェチェン共和国は独立をめざしますが、ロシア軍の侵攻（第一次・第二次チェチェン紛争）により制圧されます（ 2 ）。

単なる上置国境の説明で終わらせるのではなく、「例え」を用いて具体的に示し、そこから発展する知識まで理解力を深めていく。「知識の連鎖」こそ、地理を学ぶうえでとても重要なことなのです。

「それを地理的思考力っていうんだろう？」って？　地理的思考力って何なんでしょうかね。**われわれは、地理という科目を通して現代世界そのものを勉強しているのです。**現代世界は複雑です。そして、いろいろな分野がつながって現代世界は構築されています。当たり前の話なのです。耳に心地よい言葉を多用するくらいなら、「地球上の理」をしっかりと捉えて、「知識を連鎖」させてください。地理的思考力を身につけるということは、結局のところ、バラバラになっている知識をつなげていくことなのですから。

※上置国境
→ <u>人種・民族の分布を無視して</u>旧宗主国が置いた国境
→「紛争の火種」を作り出す

たとえば…
(キリスト教)
プルプル族
A国
→ B国内での少数民族 → 独立を目指す
タプタプ族
(イスラム教)
B国

第一次
プルタプ戦争
勃発！

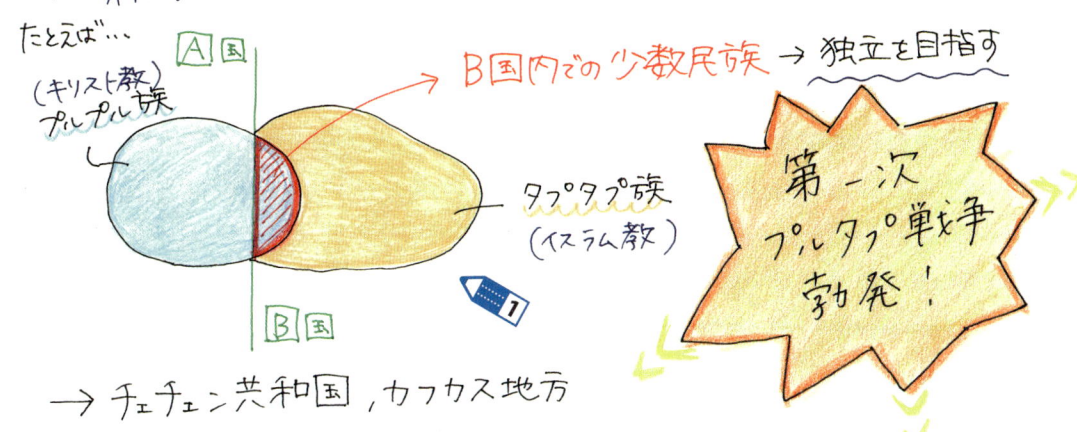

→ チェチェン共和国, カフカス地方

※国土面積

1. ロシア (日×45)
2. カナダ
3. アメリカ
4. 中国 (日×25)
5. ブラジル (人口も5位) 850万km² → サハラ砂漠と同じ広さ
6. オーストラリア
7. インド
8. アルゼンチン

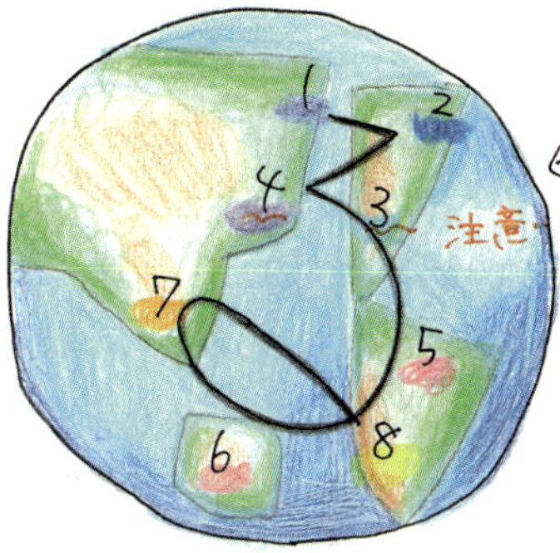

だいたいの位置を覚える
ひらがなの「る」で覚える！
注意

山田メモ

チェチェン
- 独立したい
- 石油資源豊富
- 石油パイプライン集中

紛争

ロシア
- 石油資源やパイプラインを支配下におきたい

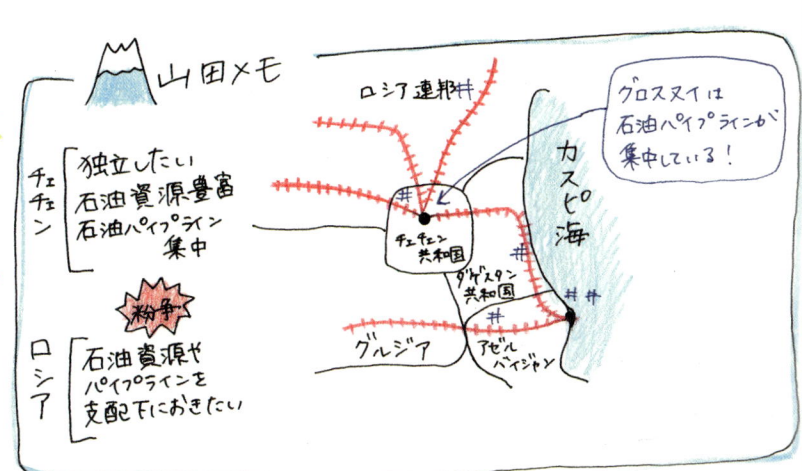

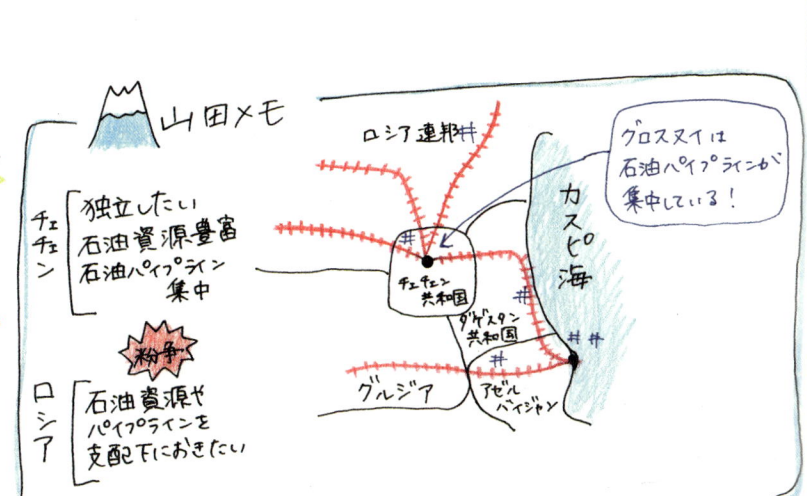

ロシア連邦
チェチェン共和国
ダゲスタン共和国
グルジア
アゼルバイジャン
カスピ海

クロスヌイは石油パイプラインが集中している！

Lecture 14 国境の分類 Part 2 41

Lecture 15 集落の分類 Part 1
人々はどこに集まる?

みなさんは「集落」という言葉にどのようなイメージをもっているでしょうか？「田舎」といわれるような地域にみられる田園風景を想像するでしょうか？ 答えは「否」です。**集落というのは、「人々が集まるところ」のことです。**東京、ニューヨーク、ロンドン、パリなどの世界的に有名な大都市もまた集落なのです。その集落を、**そこで発達する産業に応じて都市と村落に分類します。** ◁1 第一次産業従事者率が高く、人口の密集度が小さいものを村落、第二・三次産業従事者率が高く、人口の密集度が大きいものを都市といいます。

ではどのようなところで集落がみられるのでしょうか？ 当たり前ですが、集落が発達するということは人間が住んでいるということです。そして人間が住むだけの環境が整っているということでもあります。◁2 **「水利に恵まれる」、「日当たりが良い」、「安全である」などの条件が整えば人々は生活できます。** ですので、古くから集落が発達したところでは、上記のような環境をもっているわけです。弥生時代に発達した集落は特に、**「高地性集落」**と「環濠集落」でした。これは「安全である」という条件が整っていたことによることが理解できますね。

村落は、家屋の密集度によって集村と散村とに分けられ、◁3 のように**集村はさらに塊村、路村、街村、列村、円村の5つに分類されます。** このなかで円村は、わが国には存在しない村落形態として知られています。

塊村は自然発生的に成立した集落で、**家屋が不規則に塊状に密集している村落です。** 前述の条件が整ったところに、人々が集まってきて集落が形成されたということですね。**特に、古代に成立した条里集落でみられる村落形態です。** 条里集落が成立したところでは「条」、「里」、「坪」、「反」などの地名がみられます。「条」は古い地形図になると「條」と表記されることもあり、これは要注意ですね(◁4)。山田さんは、しっかりと補足していますね。

条里集落は東北南部から九州でその遺構を見ることができますが、これは**条里制を施したかつての大和政権の勢力範囲とほぼ一致**します。この知識を背景に入試問題が作られることがありますので、「★こうでる！」と積極的にメモっています。**メモをするときのタイトルは何でもよくて、自分の中で「おなじみの○○」といったものを作ってみてはどうでしょうか。** 授業中の口頭説明のメモを取ることが楽しくなってくるかもしれませんね。

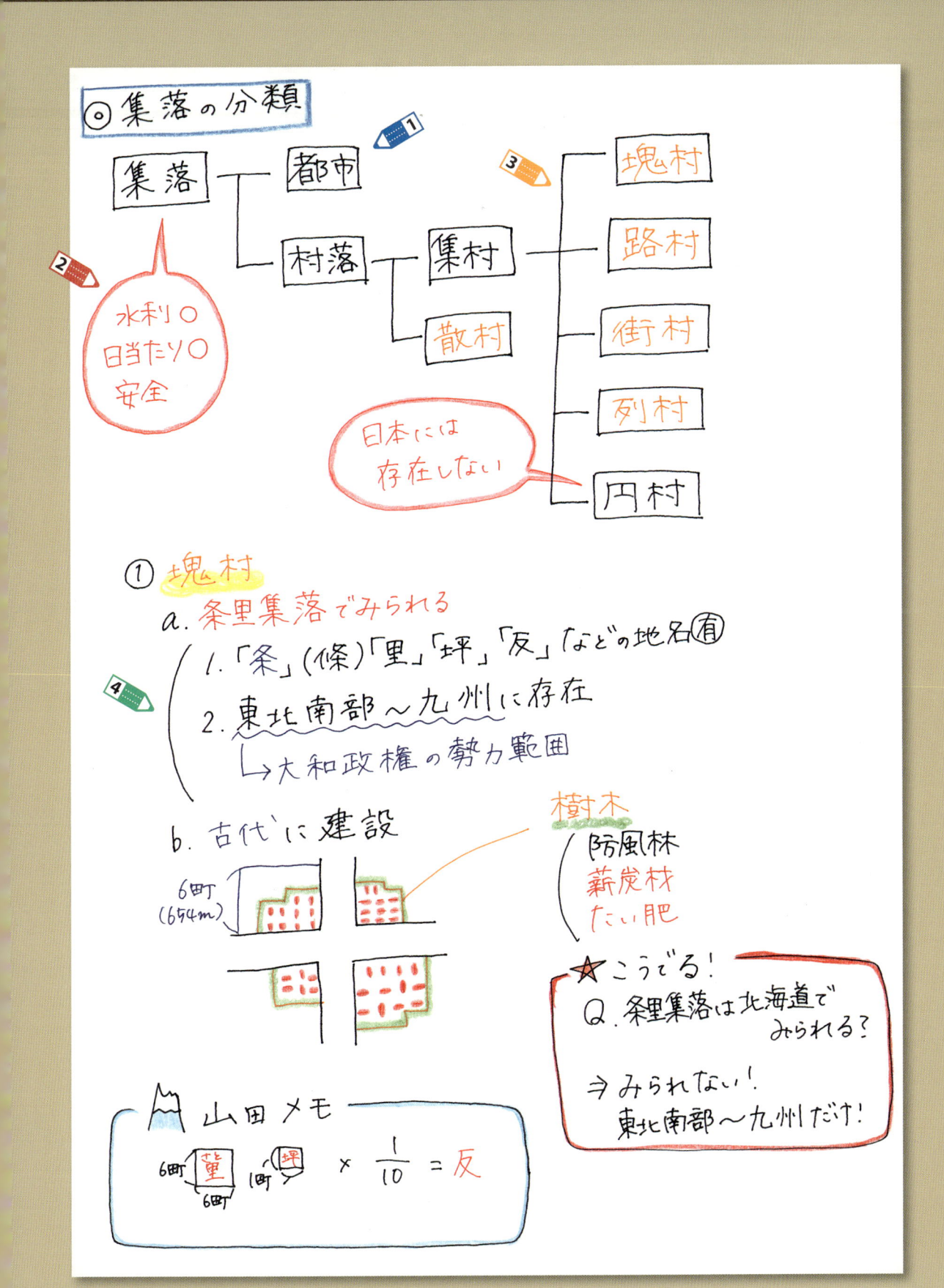

◎集落の分類

```
集落 ─┬─ 都市
      └─ 村落 ─┬─ 集村 ─┬─ 塊村
              │        ├─ 路村
              │        ├─ 街村
              │        ├─ 列村
              │        └─ 円村
              └─ 散村
```

(集落より) 水利〇 日当たり〇 安全

(円村) 日本には存在しない

① 塊村

a. 条里集落でみられる
  1. 「条」(條)「里」「坪」「反」などの地名有
  2. 東北南部〜九州に存在
     → 大和政権の勢力範囲

b. 古代に建設

6町 (654m)

樹木
- 防風林
- 薪炭材
- たい肥

★こうでる！
Q. 条里集落は北海道でみられる？
⇒ みられない！
  東北南部〜九州だけ！

山田メモ
6町(董)/6町 × 1町(坪) × $\frac{1}{10}$ = 反

Lecture 16 集落の分類 Part 2
路村と街村の区別がつきますか?

　集村形態には、路村と街村もあります。これはどちらも道路沿いに成立した集落で、一見区別がつきにくいものです。というのも、街村は街道沿いに成立した集落ですが、街道だって道路ですから、これも路村というのではないかということです。このように、区別がつきにくいもの、比較しやすいものはノート上ではなるべく近くにまとめることが重要です。何十ページも離れているのは論外ですが、間に何ページも挟んでまとめられているのでは、なかなか比較して考えることが難しくなってきます。

　◀1の路村というのは、開拓道路に沿って発達した列状の集落です。中世（院政期〜戦国時代末期）までに集落が発達しなかった未開拓地に向けて開拓道路を通し、まず道路沿いに集落が列状に発達します。そこから矢印の方向に向かって田畑がつくられていくので、まるで短冊のような地割りとなるわけです。従来の集落から分村したものが多いことから、古い集落と親村－小村の関係性をもっています。こうして開発された新田に成立した集落は新田集落といって、近世（織豊政権〜開国）、いわゆる江戸時代に増えていきました（◀2）。

　一方、◀3の街村は大きな街道沿いに発達した村落です。江戸時代に行われていた参勤交代の道路として利用されることが多かったことから、人々の往来が多くて宿場などが発達していました。商業機能が集積し、家屋の密集度が高く道路への依存度が高い集落で、街村は後に門前町、市場町へと成長した例があります。商業機能が集積していることから、住宅地となっている例はほとんどないのが街村形態の特徴です。地形図では建物密集地の地形図記号で表現されていることがあります（◀4）。

　街村は、その後衰退した事例があります。明治期以降になると鉄道交通が登場し、それによって駅前が「街の中心地」になっていくと、それまで「街の中心地」だった街村は商業機能が衰退していきました（◀5）。

44　Chapter III　地理とは日常生活の延長上に存在するものです

② 路村 ◁1

　a. 新田集落でみられる
　　1.「〇〇新田」「××新開」などの地名有
　　2. 中世までの未開拓地
　b. 近世に建設 ◁2

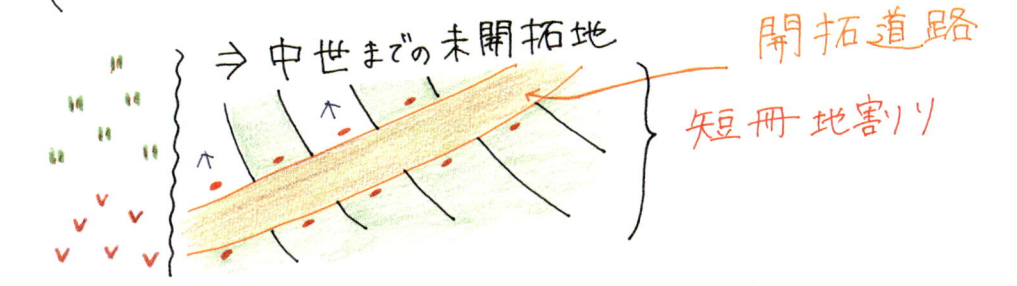

⇒ 中世までの未開拓地　　開拓道路
　　　　　　　　　　　　短冊地割リ

③ 街村 ◁3

　a. 宿場町を起源に持つ
　b. 街道沿いに発達
　　　↳ 参勤交代時に利用

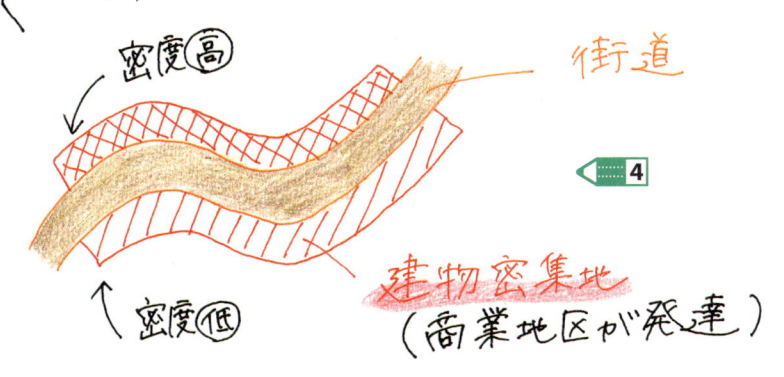

密度高　　街道
　　　　　　　　◁4
密度低　　建物密集地
　　　（商業地区が発達）

※住宅地にはなっていない
※明治期以降に衰退した街村有
　→ 鉄道が登場したことにより…

5▷ 中心地 ⇒ 　　　中心地

Lecture 16　集落の分類 Part 2　　45

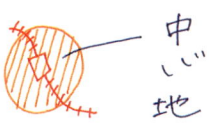

Lecture 17 集落の分類 Part 3
なぜ、集落が列状に並ぶのか？

　列村は集落が列状に並んだ村落形態です。先ほどの路村も「列状に並んだ村落形態」で列村と考えてもよいのですが、**列村は「地形的制約を受けて列状に並んだもの」という意味合いで使われるのが一般的です**（◀1）。今回の単元では重要度が目立つように書かれていませんが、ここは重要なポイントですよ！　特に扇状地の末端（扇端）や段丘崖下、山麓などの湧水帯、自然堤防上でみられるからです。

　◀2　扇端とは、扇状地の末端部のことです。山間部を抜けてきた河川は谷の出口（谷口）に出ると、急激に流速を減じますので、侵食力は弱まりますが堆積力は強くなります。山地と平地の境界に形成された堆積地形が扇状地です。

　粒子というのは大きいほうから礫、砂、泥という名前をもちます。 扇状地は沖積平野の上流に位置していますので、粒子が比較的大きく、砂礫の堆積がみられます。粒子が大きいため粒子と粒子の間は隙間がみられ、扇状地の最上流部（扇頂）では表流していた河川は、堆積が最も厚い扇状地の中央部（扇央）では伏流します。しかし、**扇状地の末端まで来ると河川は湧水するようになり、水利に恵まれる地域となります。**

　集落が発達する最大の要因は、やはり水利に恵まれることです。 扇端は背後に平地を控えていることから、大規模な水田耕作が可能なところですから、同じ水利に恵まれる扇頂と比べても、**古くから集落が発達したところといえるでしょう。** 河川は扇頂付近で分流して網状流となるため、扇端では多くの湧水帯がみられます。そのため各湧水帯に集落が形成され、列状に並んでいくわけです。それを図示したのが、◀3 ですね。それにしても良く描けていますね。ここまで描ければもう扇状地の理解は深まったも同然でしょう。

　何度も言っていますが、このクオリティーで描く必要はないのです。**自分で見てわかればそれでよい**のです。どんなに下手なイラストでもよいから、**自分で描いてイメージして記憶にとどめることが重要なのです。**

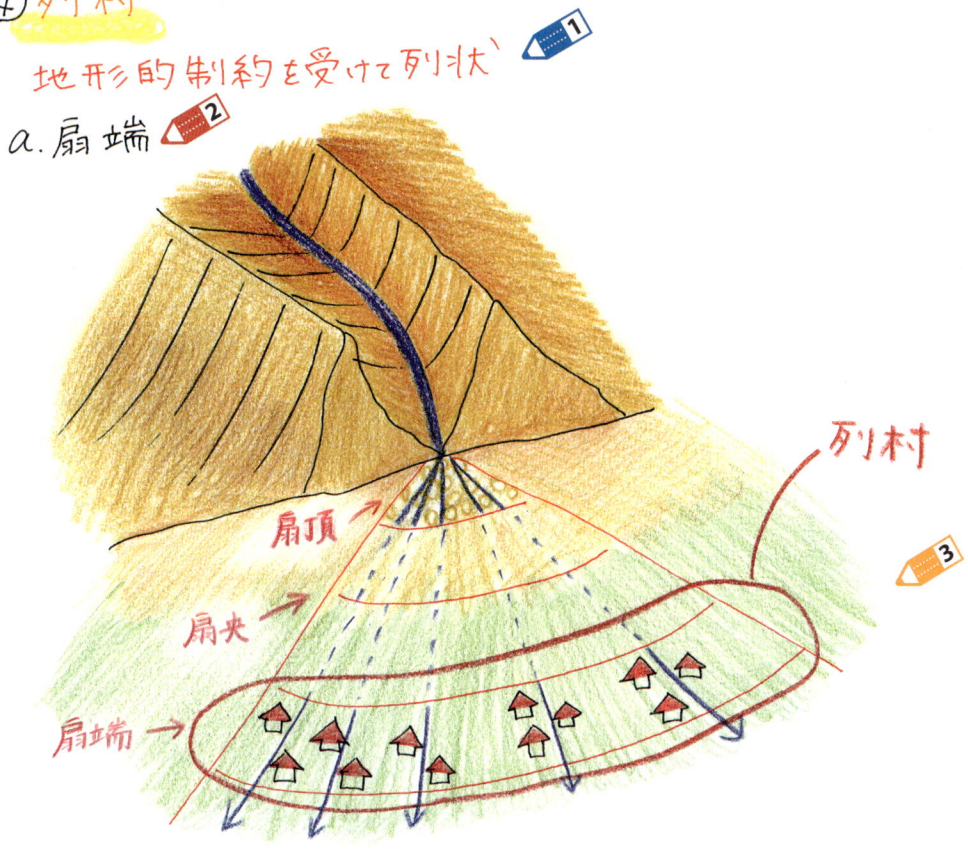

④ 列村
地形的制約を受けて列状
a. 扇端

→ 扇頂
→ 扇央
→ 扇端

列村

b. 自然堤防

列村
微高地

c. 湧水帯
例：段丘崖下、山麓、扇端など

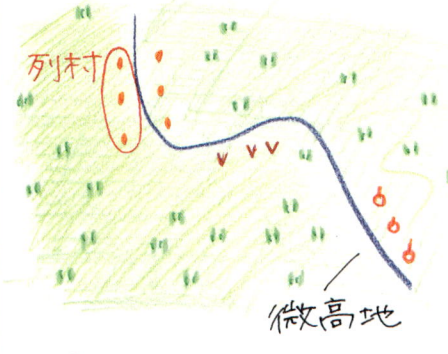

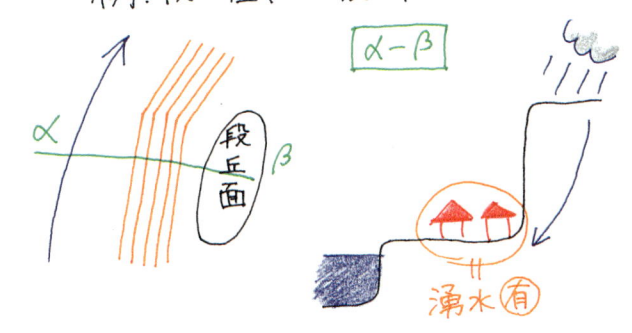

段丘面 α-β
湧水有

⑤ 散村
1. 屯田兵村などでみられる
　↳ 困 タウンシップ制をモデルとする
2. 近代に建設

長所：大規模農業経営可
　　　火災の延焼防止
短所：社会資本整備が多額

Lecture 17　集落の分類 Part 3　47

Column III 見分けがつかない二つの国旗 Part 1

　マネをしたつもりはないのに、いつの間にか似たようなものになっていることは、世の中には多々あります。右の国旗は、上がインドネシア、下がモナコの国旗です。**似ているどころかまったくもって同じ**。デザイン盗用疑惑など当たり前であります。でも、正確にいうと違う国旗です。

　インドネシアの国旗は、メラ・プティ（merah putih）と呼ばれ、「紅白」という意味です。1945年8月17日、旧宗主国オランダから独立する際、スカルノ夫人のファティマさんが作ったものだそうです。家にあった有り合わせの布で縫い上げたものらしく、現物は独立記念塔モナスに保管されています。

　ポツダム宣言による日本の敗戦で解放されたオランダ人が、赤・白・青のオランダ国旗を掲げると、インドネシア人が青い部分を引き裂いたという逸話もあるほどです。**インドネシア人にとっての赤と白は国民色**で、白は純白、赤は勇気を表しているそうで、「太陽」と「月」という意味もあるそうです。

　一方のモナコ国旗。赤と白の2色は13世紀以降この地を支配してきたグリマルディ公家の色に由来するそうで、1818年に制定されました。しかし、実はモナコの国旗は二種類ありまして、一つは自国旗といって国内外で使用するもの。もう一つは、国連旗です。

　では、インドネシアとモナコの国旗は何が違うのか？　実は、**縦と横の比率が違います**。インドネシアは2：3、モナコは4：5。2：3は4：6のことですから、4：5と4：6の区別など多くの人にはわかりません。ましてや、ポールにたなびく二つの国旗を見て、どちらが「インドネシアか？　モナコか？」などと見分けるのは、ほぼ不可能です。しかも、モナコの比率が4：5なのは自国旗で、国連旗の比率は実は2：3。実は、インドネシアの国旗とまったくもって同じものなのです。安全保障理事会で各国の旗を掲げますが、インドネシアとモナコの国旗が並ぶともはや、酔っぱらって一人が二人に見えるのと同じ現象。かつての大関まで上り詰めた関取、「武双山」が「武ヌヌ山」に見えるのと同じ現象（ちょっと違う？）。**モナコはインドネシアに対して抗議をしたようですが、結局は譲歩して今にいたります。**

　さて、この二つ見分けることができるのか？

　挙げ句の果てには、**上下の赤白をひっくり返すとポーランド国旗**のできあがりです。摩訶不思議ですね。

Chapter IV

時代背景を捉えることで大枠をつかむのです

- **Lecture 18** 人口増加のあゆみ　Part 1
- **Lecture 19** 人口増加のあゆみ　Part 2
- **Lecture 20** 人口転換と人口ピラミッド　Part 1
- **Lecture 21** 人口転換と人口ピラミッド　Part 2
- **Lecture 22** 都心部と郊外の人口移動

- **Column IV** ドラクエにみる交通の発達

Lecture 18 人口増加のあゆみ Part 1
人口はなぜ増えたのか

　みなさんは、お腹がすいたらどのような行動をとりますか？　きっと食べ物やその材料を「買う」という行動をとるでしょう。しかし、われわれ人類が誕生した頃、**人々はお腹がすいたら食べ物を「獲る」という行動をとっていました**（◀1）。ようするに、「食べたいときに食べられない」ということなのです。その時代を獲得経済期といって、人類が農業を始めるまで続きました。

　◀2　**人類が農業を始めたのは、今から約1万年前のこと**。最終氷期が終了したことで地球が温暖化し、西アジアで穀物栽培が始まりました。これによって食糧が生産され、安定した食糧供給が可能となると、「食べたいときに食べられる」ようになり、**増えゆく人口を支えるだけの食糧供給が可能となっていったのです**（◀3）。実際に人類が農業を始めた約1万年前、地球上には500万人ほどの人がいたとされていますが、西暦元年になると2億5,000万人にまで増えたと考えられています。

　産業革命が起こると、さらに人口が増加していきます。産業革命は18世紀後半に、イギリスから始まったとされています。遠く離れてそれぞれ孤立していた地域が、蒸気機関の登場によって短時間で結びつけられ、大量輸送が可能となって食糧供給量が増加しました。生産量に輸入量が加わり、このことが人口増加を促しました。しかし、これを可能としたのは蒸気機関を利用できた欧米諸国の話であることから、**産業革命以降の人口増加は「欧米中心の人口増加」ということになるのです**（◀4）。

　そして第二次世界大戦が終了すると、**今度は「途上国中心の人口増加」が始まります**（◀5）。これは多産多死から多産少死へと転換したことが最大の要因で、特に乳幼児死亡率の低下が主因とされています。医療技術の進展、医薬品の普及、衛生環境の改善などがみられたことが背景となっています。ここで重要なのが、「多死」が「少死」へと転換したことはわかるとして、「依然として多産の傾向にある」ことを理解しておく必要があります。途上国といえば産業の中心は農業です。しかも、機械化の進展がほとんどみられない労働集約的な農業です。そのため子供が貴重な農業労働力として期待され、また社会保障が未整備な国が多く、老後の世話を子供に期待することから、「子だくさん」の傾向にあるのです。

　これらの人口増加のあゆみをまとめたのが、◀6ですね。**経年変化の様子はなるべく可視化していくようにノートを取りましょう。**

Chapter IV　時代背景を捉えることで大枠をつかむのです

⓪人口増加のあゆみ

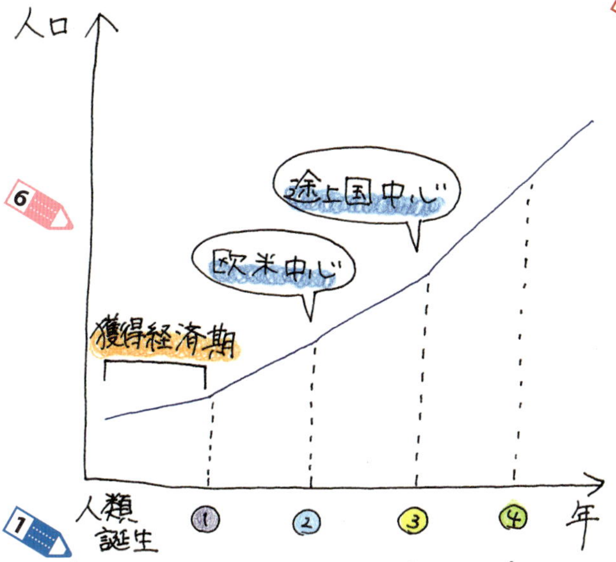

＊獲得経済：自分でとって自分で食べる。
→食糧供給が不安定

① 農業生産革命
（約1万年前）
- 最終氷期の終了で温暖化
- 西アジアで穀物栽培が開始
- ⇒安定した食糧供給が可能になった。

② 産業革命
（18c後半㊧より）
- 蒸気機関の登場で
- 食糧供給量が増大
- ↳生産量に輸入量が加わる
  新大陸から

＊欧米中心の人口増加

③ 戦後（1945～）
＊途上国中心の人口増加
a. アジア、アフリカ
多産多死 から 多産少死 への転換

★多死から少死になったのはどうして？？
→主に乳幼児死亡率の低下
→医療の進展
衛生環境の改善など

★多産の傾向がかわっていないのはどうして？？
1. 子どもが農業労働力として期待される
→農業の近代化が遅れている（機械とかないから）
2. 老後の世話を子どもに期待
→社会保障が未整備

Lecture 19 人口増加のあゆみ Part 2
世界の人口増加は緩慢になっている!?

　第二次世界大戦後の人口増加は、アジア、アフリカ、ラテンアメリカでの増加が主因でした。いわゆる発展途上国が中心となって人口が増加したということです。これらの地域では、多産多死から多産少死へと人口転換したことが背景となっています。

　ラテンアメリカは、かつて「ラテン系国家」の植民地支配を受けた経験がある地域であることから、このように呼ばれています。「ラテン系国家」とはスペインやポルトガル、フランスなどを指しますが、多くがスペインの植民地支配を受けた経験をもっています。◁1　そのため、公用語はスペイン語、信仰する宗教はカトリックが多いわけです。

　カトリックにおいては、「神から授かった命である」ということで、女性の人工妊娠中絶を善しとしない価値観があります（◁2）。わが国においては、1996年に改正された母体保護法（48年より施行）によって認められていますが、世界にはそうではない国々があるということです。そのため、宗教上の理由で人口の抑制が困難となっています（◁3）。ブラジルのリオデジャネイロで行われる、リオのカーニバルは有名ですが、彼らは敬虔(けいけん)なカトリック信者で、「禁欲生活の前に一暴れ！」とばかりにカーニバルがあるのです。◁4　自律の基準を宗教に求める人々の生活様式であり、なかなかわが国の人々の多くが理解しにくい部分なのかもしれませんね。

　◁5　**世界の人口増加は緩慢になってきています。** ◁6を見てもわかるように、世界の人口増加は、1950年からの50年間と、2000年からの50年間とでは、増え方が違います。これは、途上国で少子化が少しずつ進展していること、先進国でさらなる少子高齢化が進展していることなどが背景にあるといわれています（◁7）。

　先進国においては、女性の高学歴化にともなう社会進出の機会が増え、それが晩婚や非婚となり、強いては晩産となり少子化が進展します。これは教育費の高騰などの理由から、家族計画がより拡大することも背景としてあげられます。子供数が減少すれば、相対的に老年人口の割合が増加する。これが少子高齢化といわれるものです。ですから、**少子高齢化を改善していくためには、まずは少子化対策ということになるわけですね。**

b. ラテンアメリカ
- カトリック(多)
  → 宗教上の理由で人口抑制(難)

🗻 山田メモ
ラテンアメリカのイメージ → 陽気
　　リオのカーニバル など
　　→ 禁欲生活の前のひとあばれ
＊人工妊娠中絶が禁止
　→ 自律の基準を宗教に求める。

④ 将来予測
＊人口増加は緩慢になってきている。

	1950	2000	2050
世界	25億人	60億人	90億人
	→×2.4→	→×1.5→	
アフリカ	2.2億人	8.2億人	
	→×4弱→		

〈理由〉
1. 途上国で少子化が起こる
   a. 向上した生活水準を維持するために
      家族計画が普及
   b. 病気で死亡率(増)
2. 先進国でますます少子高齢化
   a. 女性の社会進出
      → 晩婚, 非婚(増)
   b. 教育費の高騰

Lecture 20 人口転換と人口ピラミッド Part 1
人口動態の推移を理解する背景知識が重要！

　人口転換のモデルは一般的に、その国の経済成長とともにⅠ～Ⅳ期まで移行していきます。そのため、国民の生活水準の向上とともに多産多死 → 多産少死 → 少産少死 → 少産多死へと移行していきます。それを折れ線グラフでまとめたのが 1 です。それぞれ色分けして、描いてあります。カラフルなノートは見やすいですが、カラフルなものを与えられても記憶として定着しません。**自分で作るから記憶として定着するのです。**

　 2 　Ⅰ期は多産多死を表しています。文字通り、「たくさん生まれて、たくさん死ぬ」ということ。後発途上国に多い人口動態で、人口は微増。衛生環境や食糧事情が劣悪なため平均寿命が短く、老年人口の割合が低いのが特徴的です。人口ピラミッドの形が富士山に似ていることから、Ⅰ期の人口ピラミッドは富士山型と呼ばれます。

　 3 　Ⅱ期は多産少死を表しています。医療技術の進展や医薬品の普及、衛生環境や食糧事情の改善などで死亡率が低下し平均寿命が延びました。死亡率は特に乳幼児死亡率の低下が著しく、人口が激増するのが特徴的です。多産の傾向が変わっていないのは、子供が貴重な農業労働力として期待されて生まれてくるからです。途上国であるため産業の中心は農業、しかも機械化されていない労働集約的な農業が営まれています。そのため、農業労働力として子供が重用されるわけです。第二次世界大戦後、アフリカの多くの国々がⅡ期に移行したことから人口激増がみられ、「人口爆発」と称されるほど人口が増加し、現在、地域別ではヨーロッパを抜いてアジアに次いで人口が多い地域となりました。

　 4 　Ⅲ期は少産少死の前期です。 1 をみると、生活水準が向上し始めた時期であり、それにともない家族計画が普及し始め、子供の数が減り始めます。いわゆる少子化が進展し始めるわけです。老年人口と幼年人口の差があまりみられなくなり、人口は微増か停滞となります。世界中の多くの先進国でみられる形ですね。その形から、つり鐘型と呼ばれています。

　 5 　Ⅳ期は少産少死の後期です。つり鐘型よりさらに少子化が進展することから、幼年人口より老年人口の方が多くなり、少子高齢化が著しく進展していきます。その形からつぼ型と呼ばれています。Ⅳ期に移行した国は、少子化で苦しんでいる国であり、そのため老年人口割合が20％を超えるほどになっています。まさしく、わが国のことをいっているのです。

◎人口転換と人口ピラミッド

1 グラフ：生活水準／死亡率／出生率の推移（I期〜IV期）
- α：**死亡率の低下** → 主に乳幼児
- β：家族計画の普及により **出生率が低下**
- γ：少子高齢化の進展で **死亡率が上昇**

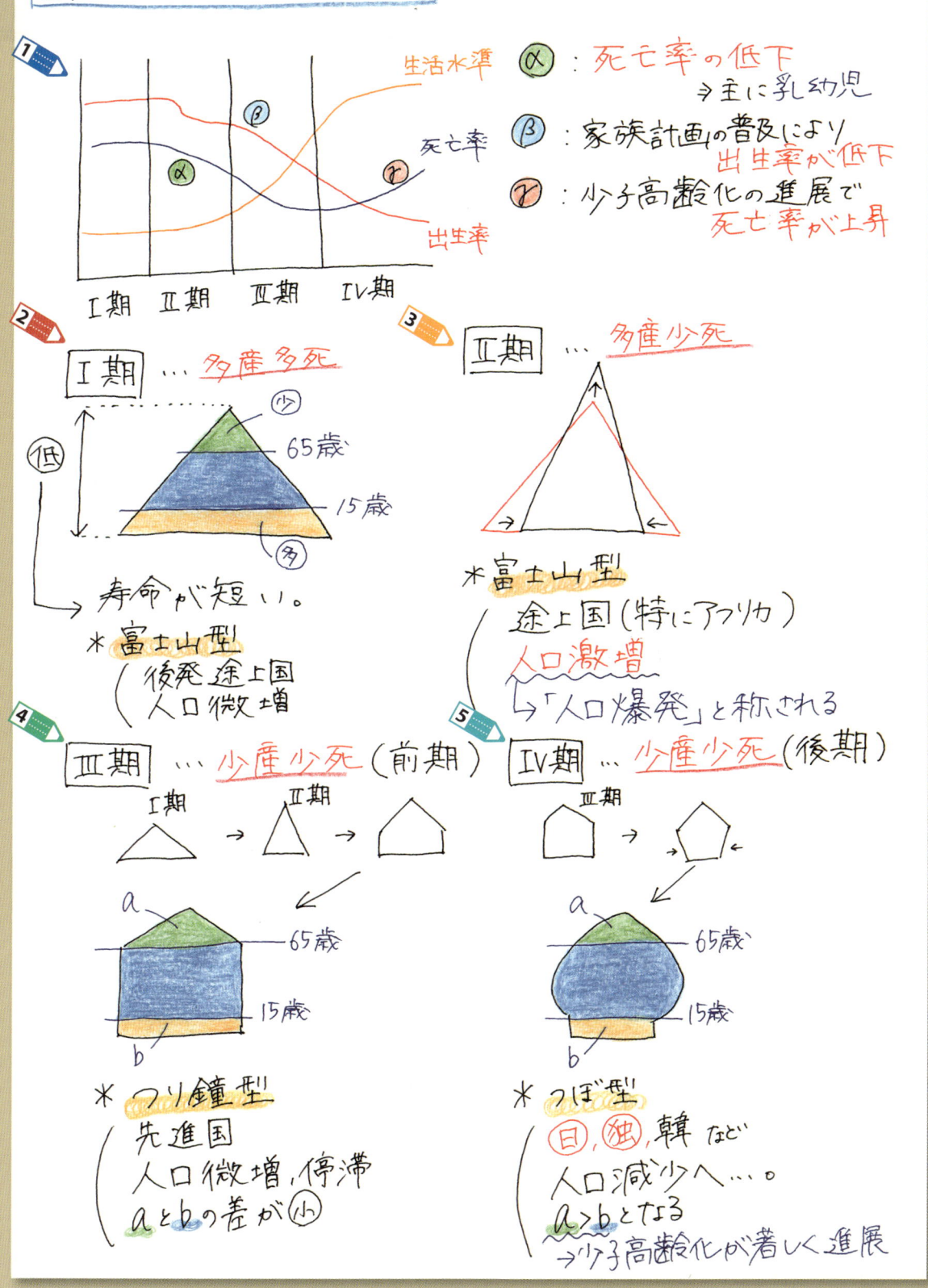

2 I期 … **多産多死**
- 寿命が短い。
- ＊富士山型
  （後発途上国
  　人口微増）

3 II期 … **多産少死**
- ＊富士山型
- 途上国（特にアフリカ）
- 人口激増
  →「人口爆発」と称される

4 III期 … **少産少死（前期）**
- I期 → II期 → （釣鐘型へ）
- ＊つり鐘型
  （先進国
  　人口微増, 停滞
  　aとbの差が小）

5 IV期 … **少産少死（後期）**
- III期 → （つぼ型へ）
- ＊つぼ型
  （日, 独, 韓 など
  　人口減少へ…。
  　a＞bとなる
  →少子高齢化が著しく進展）

Lecture 21 人口転換と人口ピラミッド Part 2
「一浪は人並みのこと」といわれた時代があった

　人口ピラミッドは、世代ごとの特徴とその社会背景を探っていくことが重要となります。特に、二度のベビーブームが起こった年代は知っておく必要があります。第一次ベビーブームは1947～49年、第二次ベビーブームは1972～74年です。日本の人口ピラミッドについて、1960年と2009年のものが描かれています。

　1960年（昭和35年）といえば、高度経済成長期まっただ中。1960年時、第一次ベビーブーム世代（いわゆる「団塊の世代」）は11～13歳。◀①　人口ピラミッドを見ると、ちょうどその年齢層が非常に多いことがわかります。◀②　第一次ベビーブーム世代は3学年で800万人以上を数える世代です。◀③　また1960年では、41～45歳の男性の数が少なくなっています。第二次世界大戦の時、単純計算でこの世代は16～30歳ですから、戦地に赴いて戦死した人たちが多かったということです。

　1945・46年生まれの人たちは出生数が少ない世代です（◀④）。結婚適齢期の男性が戦地に赴いていたこと、食糧難で人口支持力が低下していたこと、戦後の混乱期で出産どころではなかったという社会背景があります。1945年の人口増加率が1.1％しかなかったことからも、それがわかりますね。
　1947年から第一次ベビーブームが始まることとなるのですが、戦地に赴いていた男性が復員したこと、法律によって出産の回避ができなかったことなどの要因が重なったからです。

　2009年（平成21年）といえば、第一次ベビーブーム世代はすでに、60～62歳となっています。◀⑤　**1960年の人口ピラミッドのときと同じ記号を使って、連続性を確認することに意味があります。**そして、第一次ベビーブーム世代を親にもつ世代が第二次ベビーブーム世代です。第一次ベビーブーム世代、いわゆる団塊の世代の子供は団塊ジュニアですが、必ずしも団塊ジュニアが第二次ベビーブーム世代とは限りません（◀⑥）。
　この世代が大学受験をする1990年代前半は、とにかく受験人口が多く、「一浪」して大学に進学するのが当たり前でした。「一浪」を「ひとなみ」と読み、それを「人並み」とかけて「**一浪は人並みのこと**」と言われたものでした。

Chapter IV　時代背景を捉えることで大枠をつかむのです

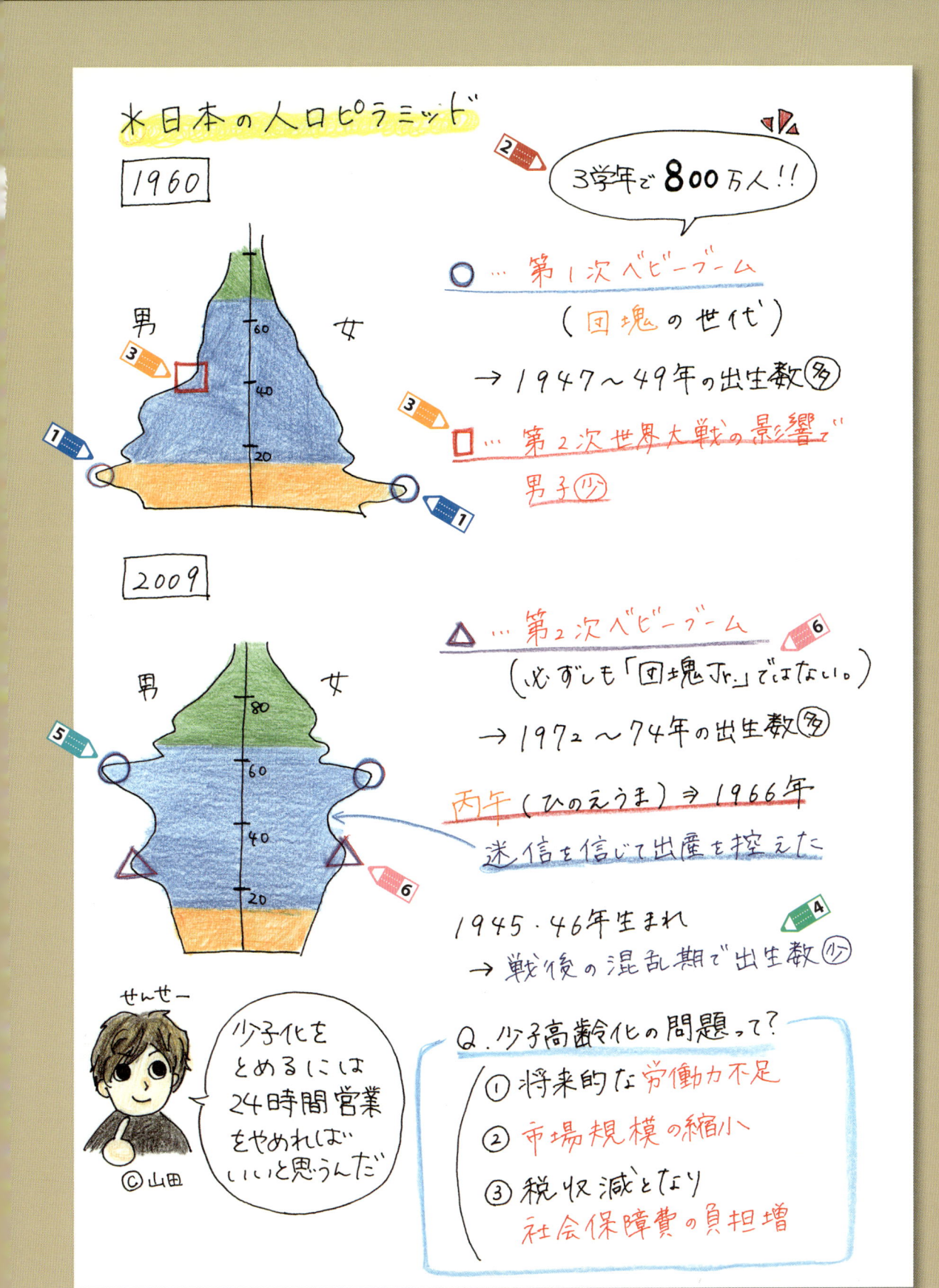

※日本の人口ピラミッド

1960

男　女

○ … 第1次ベビーブーム
（団塊の世代）
→ 1947〜49年の出生数 多

3学年で **800万人**！！

□ … 第2次世界大戦の影響で男子 少

2009

男　女

△ … 第2次ベビーブーム
（必ずしも「団塊Jr.」ではない。）
→ 1972〜74年の出生数 多

丙午（ひのえうま）⇒ 1966年
迷信を信じて出産を控えた

1945・46年生まれ
→ 戦後の混乱期で出生数 少

せんせー「少子化をとめるには24時間営業をやめればいいと思うんだ」©山田

Q. 少子高齢化の問題って？
① 将来的な労働力不足
② 市場規模の縮小
③ 税収減となり社会保障費の負担増

Lecture 21　人口転換と人口ピラミッド Part 2

Lecture 22 都心部と郊外の人口移動
なぜ人々は移動するのか？

　人々が離合集散をくり返す理由はさまざまです。わが国では都心部と郊外において、「地価」や「雇用機会」などを一つの指標として離合集散がおきています。高度経済成長期には、三大都市圏を中心に太平洋ベルトへの人口移動が増加して、過疎・過密の問題が顕在化してきました。この時代は、第一次ベビーブーム世代、いわゆる団塊の世代が幼年人口から生産年齢人口に移行した時期でもあり、進学や就職などで三大都市圏に移動する人が多かったわけです。これは1973年の第一次オイルショックまで続いていきます。

　1980年代になると再び地方都市での人口減少がみられるようになり、東京圏への一極集中が進みます。1987年の第四次全国総合開発計画によって東京一極集中を解消して多極分散型の国土形成を目指しましたが、所期の成果をあげることができませんでした。

　また1980年代には、日米貿易摩擦が問題視された時代でもありました。そのため、1985年には円安を是正するために、強制的な円の切り上げが行われました（プラザ合意）。わが国は「内需で儲かっている国」ではありますが、円高が進めば輸出産業は業績不振となります（◁1）。このとき、日本政府は超低金利政策によってこの不景気を打破しようとしましたが、市場に大量にお金が出回ることとなってバブル景気が引き起こされました。

　◁2　バブル景気によって地価が高騰して、**戦後初めて東京圏からの人口流出がみられたのもこの時期です**。都心部では地価が高騰して住宅の入手が困難となり、生産年齢人口を中心に郊外へ流出したわけです。◁3　しかし、1991年にバブルが崩壊すると都心部の地価が下落、これによって住宅の供給量が増え、住宅の入手が容易になり、**若年層を中心に都心部への人口流入がみられるようになりました**。このような現象を都心回帰といって、1990年代後半から顕著となっていきます。

　一方で、◁4　**都市郊外に建設されたニュータウンはかつて移住してきた人たちがそのまま定住を続けているため、高齢化が進んでいます**。小・中学校の統廃合が進み、公共施設は減少してきています。また市場規模の縮小、コミュニティーの希薄化などが顕在化してきました。「高齢者にとって住みよい街づくりを」ということで、バリアフリーの推進も始まっています。

　無機質な文字を見返すより、①、②、③のような**イラストが添えてあると、よりイメージがわきやすいですね**。このようなしっかりとしたイラストでなく、棒人間などを使えば誰でも描けると思いますので、イラストによって理解を深めていきましょう！

◎都心部と郊外の人口移動

1985年 プラザ合意
　　　　円の強制的な切り上げ → 輸出不振となる
→ 超低金利政策によって打破しようとした。
　　↳ バブル景気を引き起こす

① バブル期（1981〜91）
都心部の **地価の高騰**
　　住宅の入手（難）
→ (若)生産年齢人口を中心に郊外に流出。
　（親世代）
　　　　　　ニュータウンが建設（横浜,川崎,千葉,さいたま など／小・中学校の新設(増)）

② バブル崩壊後（90年代後〜）
都心部の **地価の下落**
　　住宅の入手（易）
　　（→ 住宅の供給量(増)）
→ (若)生産年齢人口を中心に都心部に流入。
　（子世代）　　　　　　　**都心回帰**

③ その後のニュータウン
　a. 親世代の定住継続
　b. 子世代は都心部に流出
→ ニュータウンの高齢化(著)
　（小・中学校の統廃合(進)
　　公共施設(減) など）

Column IV ドラクエにみる交通の発達

　ドラクエに限らず、RPGの類は**最初の移動手段は「歩き」から始まります**。歩いて行ける範囲で話が進み、そして行動範囲が広がると、短時間で行き来ができるように、「歩き」とは別の高速交通手段が登場するのが常。

　歴代のドラクエシリーズを見てみると、やはり最初の交通手段は「歩き」。当然行動範囲は狭くて、ストーリーに壮大さはなく、**「お父さんに弁当を届けておくれ」**とか、**「トンヌラが君を捜していたよ」**みたいな日常的な話。それがいつの間にか自分の行動範囲を超える領域に足を踏み入れ、そして船を手に入れ、鳥や気球などが使えるようになる。そういえば城ごと移動するなんて話もありました。**まさしく、陸から海へ、そして空へと行動範囲が広がっていきます。**

　人類の交通手段の発達をみてみると、まずは「歩き」。これを**担夫交通**といいます。遠く離れた川まで水を汲みに行き、そして水の入った瓶壺を頭に乗せて村まで帰る、なんていうアフリカの人たちの生活を見たことがあるのではないでしょうか。次に、従順な獣を利用した駄獣交通。以前、「獣」という字がわかりづらいかもと思って「獣神サ●ダーライガーの獣ね」と授業中にいったら、生徒はみな首をかしげていました……orz　今ではアンデス地方のリャマ・アルパカといったラクダの仲間が駄獣交通で利用されています。それから、チベットのヤクなどもそうですね。

　人間が海にまで行動範囲を広げたときにつくられたのが大型船。16世紀初めに大航海時代が始まると帆船交通が盛んになり、航海図が必要となるとメルカトル図法が発明されました。ドラクエにおいても、ある程度陸での話が煮詰まってくると、海を舞台とした話に切り替わり、ちょうど頃合いをみて、船が使用可能となります。**コショウと引き替えに船舶を与える**なんてありませんでしたっけ？

　18世紀に産業革命が起こると、蒸気機関車、蒸気汽船が発明され、20世紀になると自動車、航空機が登場し、行動範囲が空にまでおよびます。陸では大量輸送・高速輸送を目指して鉄道が、利便性を追求して自動車が登場します。自動車や航空機の登場で石油の需要が飛躍的にあがり、まさしく、**「20世紀は石油の世紀」**と呼ばれる所以となりました。

　ドラクエにおいても、伝説の不死鳥が登場したり、気球が登場したりと、空を移動できました。**人類がその欲求に伴い行動範囲を広げ、そして高速化していく過程は現実世界もドラクエも同じですね。**たぶん、そういう物の見方をする必要はないのでしょうけど、そのようにみると、また面白いかな、と勝手に思った次第です。

Chapter V

「地図に情報を落とす」とは？

- **Lecture 23**　東アジアの自然環境
- **Lecture 24**　南アジアのモンスーン
- **Lecture 25**　南アジアの地形
- **Lecture 26**　西アジアの自然環境
- **Lecture 27**　アフリカの自然環境
- **Lecture 28**　南ヨーロッパの自然環境
- **Lecture 29**　北ヨーロッパの自然環境
- **Lecture 30**　東ヨーロッパの地誌

- **Column V**　見分けがつかない二つの国旗　Part 2

Lecture 23 東アジアの自然環境
ノートは贅沢に！

　タイトルに「東アジアの自然環境」とありますが、ほとんどが中国に関する情報がまとめられています。まずはアジア全域の情報がまとめられているわけですが、そのままノートの余白に中国の情報を書いたのでしょう。**このように単元が変わるときは、ノートも次のページの頭から始めたほうがすっきりすると思いますよ。「ノートは贅沢に使う！」、これが基本です。**

　さて、◀1 に示されている線は、**モンスーンアジアと乾燥アジアの境目となる目安です。**この線より東側はモンスーンの通り道となる地域で、モンスーンの影響を受けて夏季に多雨となります。西側の乾燥アジアはモンスーンの影響が少なく、また、隔海度が高く年間を通して降水量が少ない地域です。**アジアにおいて降水量が多い地域とくれば稲作地帯ですから、モンスーンアジアでの米の生産量が世界の生産量の90％を占める事実が理解できますね。**

　アジアの簡略図を見渡すと、**内陸にいくにつれて茶色が多くなっていることがわかりますね。**◀2　中国を見ると、西側に高峻な山脈が位置していることから、**中国の地形が西高東低であることがわかります。**ですから河川が東流するわけです。視覚的に捉えていますね。高低の境目となる目安は標高500mで、これより低い地域（＝中国沿岸部）に約55％もの人口が集中しているといわれています。

　◀3　中国はユーラシア大陸東岸に位置していることから、偏西風の影響が非常に小さく、逆にモンスーンの影響を強く受ける地域です。**そのため気温と降水量の年較差が大きく、冬季の乾燥が著しくなります。**冷帯冬季少雨気候という気候がありますが、世界中でユーラシア大陸東部にしか展開しません。いわゆる、「中国東北地方からシベリア東部にかけて」の地域ですね。

　生産責任制をまとめた◀4 では、話の流れを矢印を使って追っていますね。**これによって少ない文字数でまとめることができるので、積極的に活用しましょう。**

東アジアの自然環境

モンスーンアジア

(地図: パミール高原、アルタイ山脈、ジュンガル盆地、タリム盆地、ゴビ砂漠、大シンアンリン山脈、カラコルム山脈、ヒンドゥークシュ山脈、クンルン山脈、チベット高原、ヒマラヤ山脈、ブラマプトラ川、ガンジス川、インダス川、デカン高原、ユンコイ高原、黄河、長江、華北、華中、華南)

乾燥アジア

中国の地形
⇒ 西高東低
（河川は東流）

山がち / 降水量(多) / 丘陵地 / 水はけ(良)
⇒ 茶の栽培(適)

これにより…
① 富裕農家の誕生
　「万元戸」と称される
② 余剰労働力が生まれた
　副業を開始（政府が奨励）
　"郷鎮"企業を結成
　→ 中国の経済発展の原動力

※ パオシャン製鉄所（上海）
① 日本の資本によって建設
② 原料は輸入に依存

※ 火力発電の中心が石炭
中国、オーストラリア
ポーランド、南アフリカなど
→ 石炭の産出量(多)

※ 中国の気候
⇒ 大陸東岸 [w型]
年較差(大)、冬に乾燥

(気候区分図: Dw, BS〜BW, ET, Cw, Cfa, 夏 南東モンスーン, 23.4°N)

※ 黄河の断流
[上流域]… ダムの建設
⇒ 中下流域への流出量(減)
[中下流域]… 人口増加 / 経済発展
⇒ 生活、農業、工業用水の過剰取水

※ 中国の農牧業

(高)500m
春小麦
畑作　冬小麦
　　　二毛作
稲作　二期作・茶
熱帯性作物

1月-6℃
≒40°N
(年)850mm
→チンリン山脈〜ホワイ川
長江下流域
1月10℃

生産責任制
（一定のノルマを供出すれば
余剰農産物の自由販売(認)
生産量upが高収入に直結）

生産意欲の向上
	09年	10年
生産	×10コ	×30コ
ノルマ	×4コ	×10コ
自由	×6コ	×20コ

この利益が農業資本となる

Lecture 24 南アジアのモンスーン
南アジアはどこで雨が降るのか？

　南アジアは東アジア・東南アジアと並んでモンスーンの影響を強く受ける地域だけに、**モンスーンが「いつ・どこを」通り道とするのかを知っておきたい**ですね。◀1 では夏の南西モンスーン、◀2 では冬の北東モンスーンが記されています。

　夏の南西モンスーンはインド半島に吹き出して、**デカン高原の西側に降水をもたらすこと**となり、さらにデカン高原を抜けて**ヒマラヤ山脈の南麓でも降水をもたらす**。海洋から吹いてくる夏のモンスーンで、しかもかなりの低緯度から吹き出す風だけに、降水量もかなり多い。それを示すように、ムンバイの気温と降水量のグラフが◀3 に描いてあります。**こういう一工夫が非常に知識の定着に役立つわけです。**

　◀2 に描かれた北東モンスーンの通り道に注目しましょう。この板書だけでは、正直なところなぜこのような通り道になるのかわかりませんが、Lecture 25（➡ P.66）とセットで眺めてみると理解できるはずです。デカン高原とヒマラヤ山脈の間に広がるヒンドスタン平原を吹き抜けていくわけです。ベンガル湾に出て高湿化した北東モンスーンがチェンナイに吹き出すことから、チェンナイは冬に降水量が多くなる都市として知られています。「山田メモ」にまとめてありますね（◀4）。**余白をどんどん使って、自分が必要と思ったネタは言われなくてもメモっていく姿勢が大事です。**

　◀5 年降水量1,000mm以上を示す地域を青色で示しています。これも Lecture 25 にある地形断面図とセットで理解してほしいところです。**地形と気候からなるのが「自然環境」ですので、それぞれ独立することなくしっかりと知識を連鎖させましょう！**

　年降水量が多いことから、それに見合う農業というものがあって、それも記されています。**農業は自然を相手に営むものだから、こういう「知識の連鎖」が重要なんです。**それを見逃さず自ら書いているあたりが、なかなかにして意識が高い板書ですね。

南アジアのモンスーン

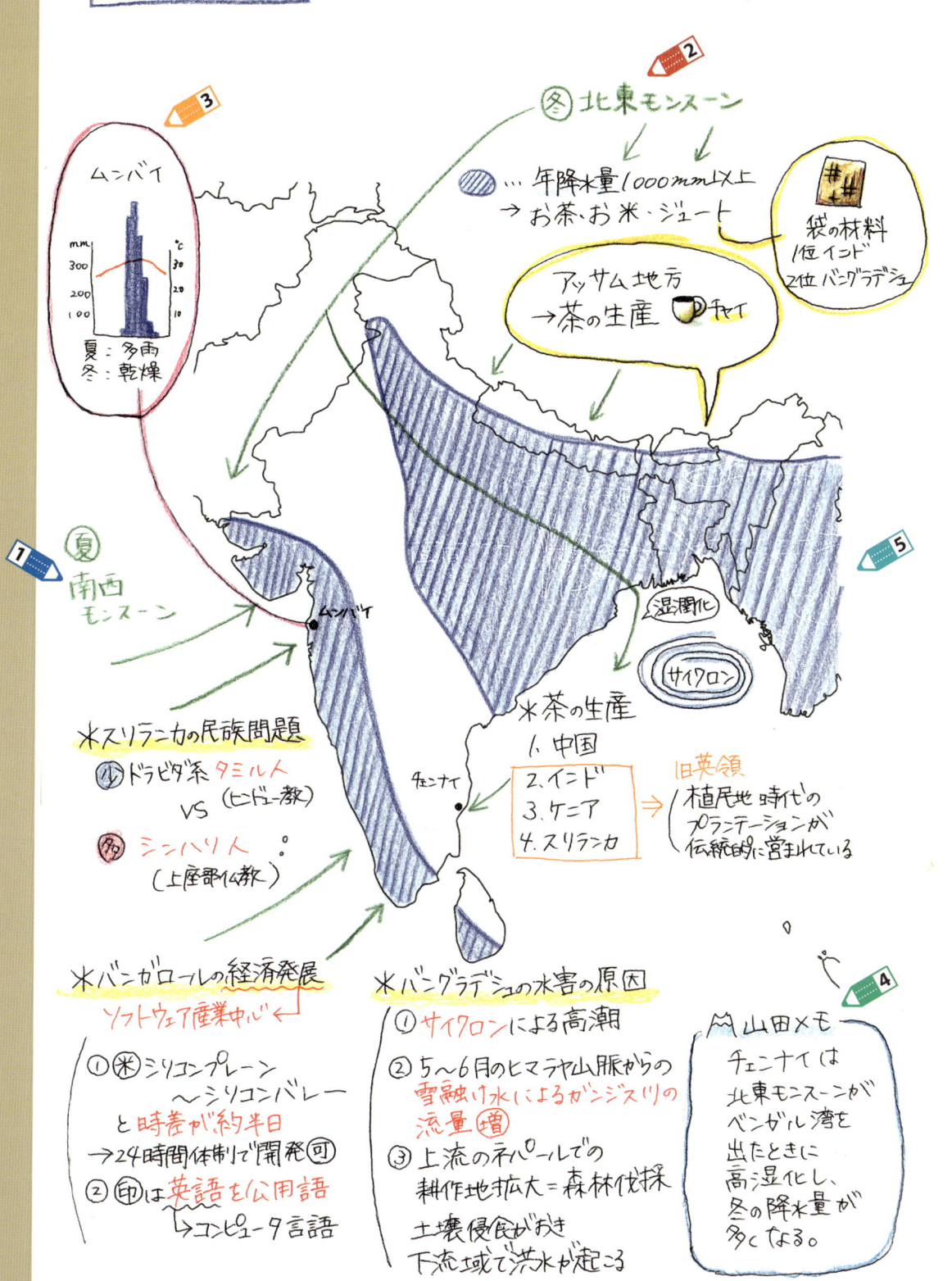

[3] ムンバイ
雨温図
夏：多雨
冬：乾燥

[2] 冬 北東モンスーン
⋯ 年降水量1000mm以上
→ お茶・お米・ジュート

袋の材料
1位 インド
2位 バングラデシュ

アッサム地方
→ 茶の生産 ☕チャイ

[1] 夏 南西モンスーン

ムンバイ

チェンナイ

湿潤化

サイクロン

※スリランカの民族問題
- (少) ドラビダ系 タミル人 (ヒンドゥー教)
- vs
- (多) シンハリ人 (上座部仏教)

※茶の生産
1. 中国
2. インド
3. ケニア
4. スリランカ

→ 旧英領
植民地時代の
プランテーションが
伝統的に営まれている

[5]

※バンガロールの経済発展
ソフトウェア産業中心
① 米 シリコンプレーン 〜シリコンバレー と時差が約半日
→ 24時間体制で開発可
② 印 は英語を公用語
→ コンピュータ言語

※バングラデシュの水害の原因
① サイクロンによる高潮
② 5〜6月のヒマラヤ山脈からの雪融け水によるガンジス川の流量 増
③ 上流のネパールでの耕作地拡大＝森林伐採
土壌侵食がおき
下流域で洪水が起こる

[4] 山田メモ
チェンナイは
北東モンスーンが
ベンガル湾を
出たときに
高湿化し、
冬の降水量が
多くなる。

Lecture 24 南アジアのモンスーン

Lecture 25 南アジアの地形
気候とセットで理解しよう！

　南アジアには赤道は通過していませんが、北回帰線が通過しています。回帰線より低緯度側に熱帯気候が展開する、すなわち熱帯と温帯の境界線が回帰線ということでした。北回帰線を引き、熱帯と温帯の境目がどこなのかを知っておくことが重要です（◀1）。

　◀2のa〜dを見てみましょう。南アジアに流れる河川とその支流について、どんな農業が営まれているかの情報がまとめられていますが、これだけ見ると、ただの情報整理にしかすぎません。Lecture 24（➡P.64）で南アジアのモンスーンを勉強しているからこそ、降水量との関係からどのような農業が行われているかの知識がすんなり定着しますね。◀3にティーポットの絵と「チャイ」という文字が見えます。実際の板書では、このような絵を描くことはあまりないですが、少しでも覚えようとするためにティーポットを描いたようです。ほかにも、米・小麦・綿花などの絵も描かれてありますね。

　地図上の情報を読んでみると、河川がどの辺を流れるのかも記してあります。「ガンジス川の河口付近ではデルタが発達する」と文字で覚えるのもよいけど、地図中に書き込んでしまえばきっと忘れないと思います。自分で勉強するとき、デルタの場所を書き込んだ世界地図を作ってみるのもよいかもしれませんね。

　◀4　定番の断面図です。断面図の問題が入試頻出の分野だということは、知っていますか？「上昇気流がみられるところ＝降水がみられるところ」ですので、「$α-β$」の地形断面図を見ると、どこで降水量が多くなるのかがわかるようになっていますね。この知識が、Lecture 24の「年降水量1,000mm以上」の分布域の理解を助けるわけです。Lecture 24と25は別々な知識としてじゃなくて、連鎖する知識として重要です。こういうのを「多面的な視点をもつ」というのです。また地形断面図に、地形などの名称をしっかりと入れることも忘れないようにしましょう。スペースの関係で描ききれない場合は、記号やアルファベットを記すことで対応するとよいですね。

　地図上で情報を読み取れるような工夫が随所に見受けられ、それを補足するためのまとめがある。 なかなかうまい具合に板書がまとまっています。

南アジアの地形

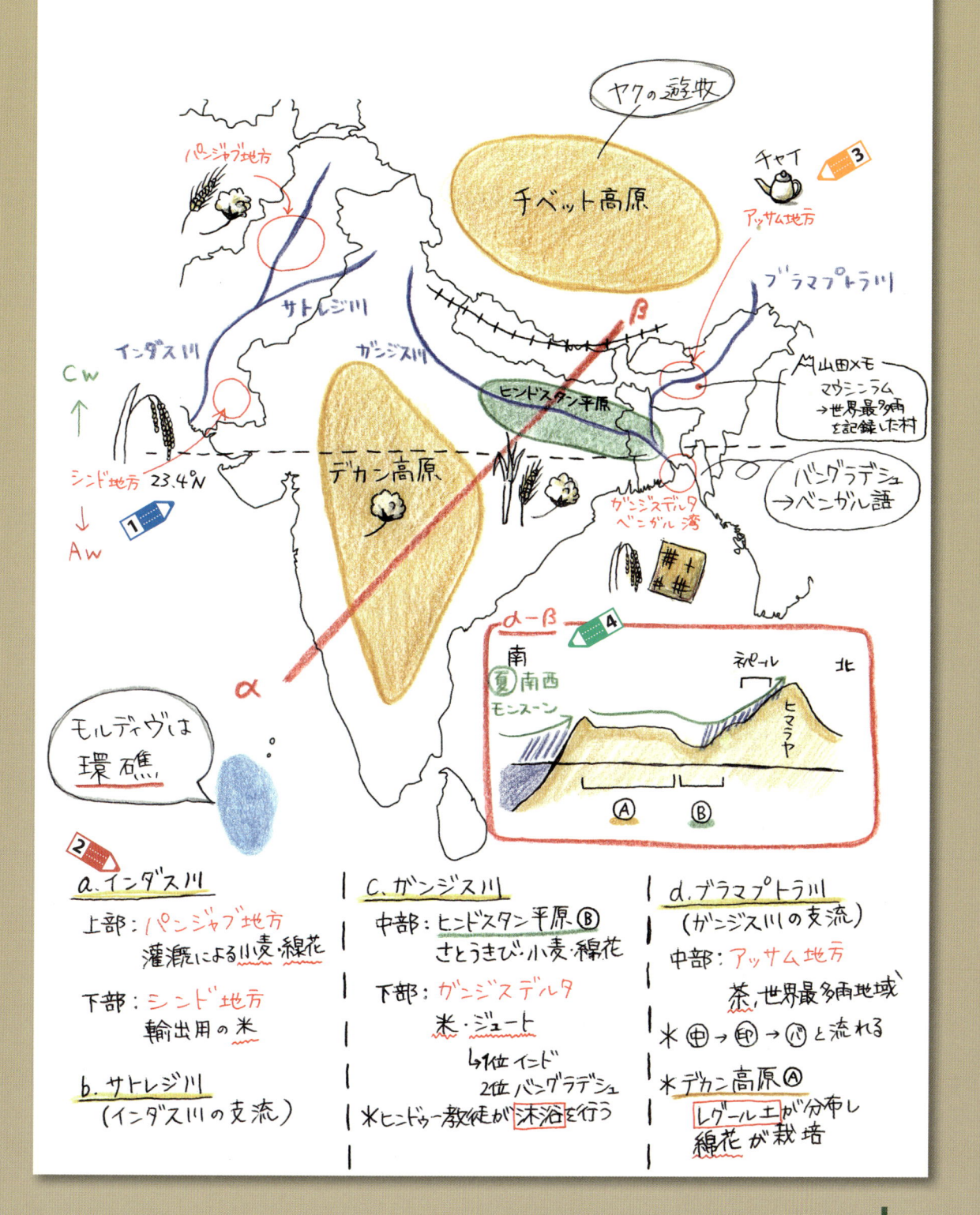

（手書きノート・地図）

- ヤクの遊牧 → チベット高原
- パンジャブ地方
- サトレジ川 / インダス川 / ガンジス川 / ブラマプトラ川
- チャイ → アッサム地方
- ヒンドスタン平原
- 山田メモ：マウシンラム → 世界最多雨を記録した村
- シンド地方 23.4°N
- Cw ↑ / ↓ Aw
- デカン高原
- ガンジスデルタ / ベンガル湾
- バングラデシュ → ベンガル語
- モルディブは環礁
- α—β 断面図：南（夏 南西モンスーン）— ヒマラヤ（ネパール）— 北　Ⓐ Ⓑ

a. インダス川
- 上部：パンジャブ地方
  - 灌漑による小麦・綿花
- 下部：シンド地方
  - 輸出用の米

b. サトレジ川
（インダス川の支流）

c. ガンジス川
- 中部：ヒンドスタン平原Ⓑ
  - さとうきび・小麦・綿花
- 下部：ガンジスデルタ
  - 米・ジュート
    - 1位 インド
    - 2位 バングラデシュ
- ※ヒンドゥー教徒が沐浴を行う

d. ブラマプトラ川
（ガンジス川の支流）
- 中部：アッサム地方
  - 茶、世界最多雨地域
- ※ 田 → 田 → Ⓑ と流れる
- ※デカン高原Ⓐ
  - レグール土が分布し綿花が栽培

Lecture 26 西アジアの自然環境
何が西高東低なの！？

　西アジア地域の自然環境は、新期造山帯が通過すること、乾燥気候が卓越すること、この２点が特に重要です。新期造山帯（アルプス＝ヒマラヤ造山帯）に属する山脈は数多くありますが、特に４つの山脈の場所が記されています。

　◀1　カフカス山脈は入試頻出の山脈です。カフカス山脈より北側では多くの人々がロシア正教（東方正教）を信仰しており、南側ではイスラム教徒が多い。いわゆる「民族の境界」となっている山脈で、そのために民族紛争も多いわけです。特にロシア領内のチェチェン共和国はイスラム教を信仰する人々が多く、ロシアからの独立を目指している国。できれば、カフカス山脈の北側にチェチェン共和国を記しておくと、より情報が増えたかもしれないですね。

　◀2　アラビア半島の地形の断面図が描いてあります。アラビア半島は、西側の紅海が広がる境界であるため、紅海周辺の地形は盛り上がって形成されています。そしてアラビア半島の東部に行くにつれて低くなだらかになっていくから、「西高東低」となります。アラビア半島の断面図だけでなく、◀3のように紅海は広がる境界であるため原油の埋蔵量が少なく、ペルシア湾は狭まる境界であるため褶曲構造がみられ、原油の埋蔵量が多いことに触れています。これはとても重要な知識で、この知識をもとに、産油国はペルシア湾岸国であることが理解できるはずです。しかし、難を言えば、もっとはっきりと「西高東低」がわかるように描けばよかったかもしれませんね。こういうのは極端に描いた方が記憶として残りやすいものなので、みなさんもそれを心がけてくれるとよいでしょう！

　◀4の「イスラム教の相違点」と「キプロス問題」は、西アジアの自然環境には関係のない話だけど、余白を利用して情報を加筆していく姿勢はとても大事ですね。

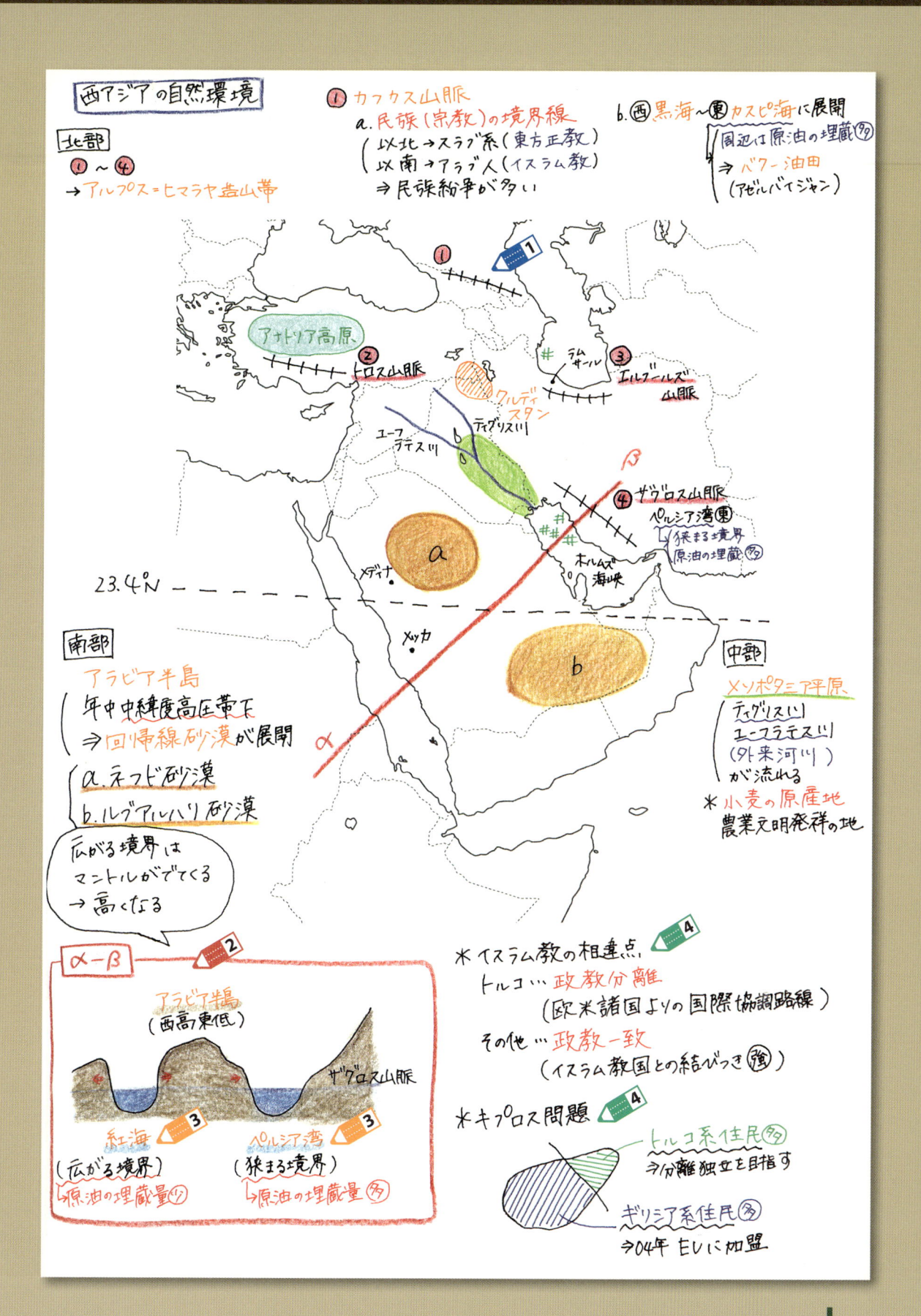

西アジアの自然環境

北部
①〜④
→ アルプス=ヒマラヤ造山帯

① カフカス山脈
a. 民族(宗教)の境界線
(以北 → スラブ系(東方正教)
  以南 → アラブ人(イスラム教)
⇒ 民族紛争が多い

b. 西 黒海〜東 カスピ海に展開
周辺は原油の埋蔵(多)
→ バクー油田
(アゼルバイジャン)

アナトリア高原
② トロス山脈
ヴァン湖
③ エルブールズ山脈
クルディスタン
ユーフラテス川　ティグリス川
④ ザグロス山脈
ペルシア湾(東)
狭まる境界
原油の埋蔵(多)
ホルムズ海峡

23.4°N ─────

メディナ
メッカ

南部
アラビア半島
(年中中緯度高圧帯下
⇒ 回帰線砂漠 が展開
a. ネフド砂漠
b. ルブアルハリ砂漠

広がる境界 は
マントルがでてくる
→ 高くなる

中部
メソポタミア平原
ティグリス川
ユーフラテス川
(外来河川)
が流れる
* 小麦の原産地
農業文明発祥の地

α−β 断面図
アラビア楯状地 (西高東低)
ザグロス山脈
紅海 ③ (広がる境界) 原油の埋蔵量(少)
ペルシア湾 ③ (狭まる境界) 原油の埋蔵量(多)

* イスラム教の相違点
トルコ… 政教分離
(欧米諸国よりの国際協調路線)
その他… 政教一致
(イスラム教国との結びつき(強))

* キプロス問題
トルコ系住民(多)
⇒ 分離独立を目指す
ギリシア系住民(多)
⇒ 04年 EUに加盟

Lecture 26　西アジアの自然環境

Lecture 27 アフリカの自然環境
大陸の中央部を赤道が通過する！

　アフリカ大陸はなんといっても、**大陸の中央部を赤道が横断することが重要です。**　さっそく、◀1で赤道が描かれていますね。**赤道が中央部を横断するからこそ、気候分布が赤道を中心に線対称となる**わけです。それは◀2に記してありますね。さらに大陸の北端から南端まで展開する気候を色の違いで示しています。そつのないノートです！

　忘れてはならないのが、両回帰線の位置（◀3）。両回帰線付近にはそれぞれ回帰線砂漠が展開しているので、これでサハラ砂漠やカラハリ砂漠の位置がわかります。また◀4に描かれたナミブ砂漠は、**沖合に寒流のベンゲラ海流を描くことによって海岸砂漠であることがわかります**ね。海岸砂漠は、沖合を流れる寒流の影響で大気が冷やされて、上昇気流が起こりにくくなって大気が安定することで、降水がほとんどみられなくなることで形成されるのです。

　アフリカ大陸の自然環境は非常に情報量が豊富で、入試でも得点の稼ぎどころ。　逆にいえば、アフリカ大陸の問題で得点できない場合は、マイナスからスタートする羽目になりますので、確実に得点したい分野です。◀5ではa〜eまで5本の河川について詳しくまとめてあります。源流がどこなのか、河川の特徴は何か、周辺で起こった紛争の内容、周辺で発達する工業、etc…、情報量が非常に豊富！　ずらずらと書くのではなく、**通し番号を付けてしっかりとまとめることで、見やすい → 記憶に残りやすい → 復習しやすい → 知識が定着するというサイクル**を作ることができますね。もちろん、これで終わりではなく、**問題集などを解くことで知識のアウトプットを図ることがもっと大事ですよ！**

70　Chapter V　「地図に情報を落とす」とは？

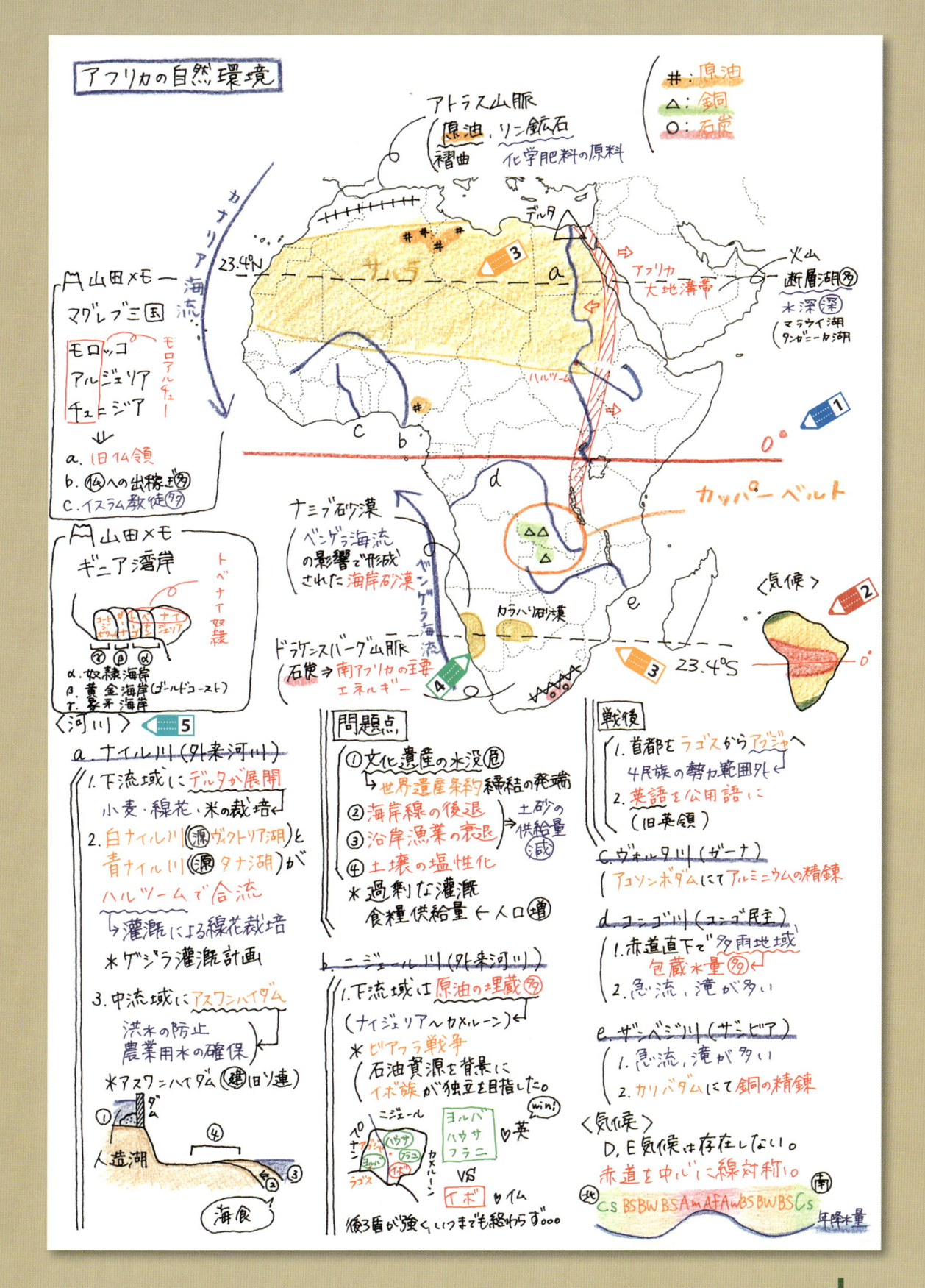

アフリカの自然環境

#：原油
△：銅
○：石炭

アトラス山脈
褶曲 原油・リン鉱石
化学肥料の原料

カナリア海流
23.4°N
サハラ
デルタ
アフリカ大地溝帯
火山
断層湖（多）
水深（深）
マラウイ湖
タンガニーカ湖
ハルツーム

山田メモ
マグレブ三国
モロッコ｝モロアルチュー
アルジェリア
チュニジア
↓
a. 旧仏領
b. 仏への出稼ぎ（多）
c. イスラム教徒（多）

山田メモ
ギニア湾岸
（コートジボワール・ガーナ・トーゴ・ベナン・ナイジェリア）
トベナナイ奴隷
α. 奴隷海岸
β. 黄金海岸（ゴールドコースト）
γ. 象牙海岸

ナミブ砂漠
ベンゲラ海流の影響で形成された海岸砂漠

ベンゲラ海流
ドラケンスバーグ山脈
石炭 → 南アフリカの主要エネルギー

カラハリ砂漠

カッパーベルト

〈気候〉
23.4°S

〈河川〉
a. ナイル川（外来河川）
1. 下流域にデルタが展開
   小麦・綿花・米の栽培
2. 白ナイル川（源ヴィクトリア湖）と青ナイル川（源タナ湖）がハルツームで合流
   → 灌漑による綿花栽培
   ＊ゲジラ灌漑計画
3. 中流域にアスワンハイダム
   洪水の防止
   農業用水の確保
   ＊アスワンハイダム（建旧ソ連）

①人造湖　④
　ダム　③
　　　②
海食

問題点
① 文化遺産の水没（危）
   → 世界遺産条約締結の発端
② 海岸線の後退　土砂の供給量減
③ 沿岸漁業の衰退
④ 土壌の塩性化
＊過剰な灌漑
　食糧供給量 ← 人口増

b. ニジェール川（外来河川）
1. 下流域は原油の埋蔵（多）
   （ナイジェリア〜カメルーン）
   ＊ビアフラ戦争
   （石油資源を背景にイボ族が独立を目指した。）

ニジェール
ナイジェリア
ラゴス
カメルーン
ヨルバ・ハウサ・フラニ（英）
vs
イボ（米）
宗3国が強くいつまでも終わらず…

戦後
1. 首都をラゴスからアブジャへ
   ← 民族の勢力範囲外
2. 英語を公用語に
   （旧英領）

c. ヴォルタ川（ガーナ）
　アコソンボダムにてアルミニウムの精錬

d. コンゴ川（コンゴ民主）
1. 赤道直下で多雨地域
   包蔵水量（多）
2. 急流、滝が多い

e. ザンベジ川（ザンビア）
1. 急流、滝が多い
2. カリバダムにて銅の精錬

〈気候〉
D, E気候は存在しない。
赤道を中心に線対称。
（北）Cs BS BW BS Am Af Aw BS BW BS Cs（南）
年降水量

Lecture 27　アフリカの自然環境　71

Lecture 28 南ヨーロッパの自然環境
地中海性気候の分布域をしっかりと！

南ヨーロッパに広く展開するのは地中海性気候。 緑色に塗られた地域が、地中海性気候の分布域です（◀1）。地中海性気候が展開している地域では、地中海式農業が営まれていることを考えれば、モロッコやアルジェリア北部、チュニジアなどでも地中海式農業が営まれることがわかりますし、何が生産されているのかを予測できます。「モロッコやアルジェリア北部、チュニジアなどでも地中海式農業が営まれる」と文字を追って知識の集積を図ってもいいけど、やっぱり視覚的に捉えることも大事なんです。

◀2　ローマの気温と降水量のグラフが描いてあります。これもすごく大事な話で、これによって「夏季に乾燥する」という環境が深く記憶として残るはずです。このノートは南ヨーロッパの話ですが、世界には地中海性気候が展開する地域がほかにもあるから、同じように気温と降水量のグラフとして残しておくのもいいですね。

◀3　地中海性気候の特徴が書いてありますね。特徴を文字で記憶に残そうということではなく、気候環境の影響を受けて農業が営まれるわけですから、そのつながりを意識できるようなノートとなっています。地中海式農業では樹木作物の栽培が盛んに行われていて、それらの商品化が目的です。◀4には、入試頻出の統計からの生産高の順位まで書いてあり、地中海沿岸の国だけ色分けされているところが「統計の読み方」の特徴そのものとなっています。

◀5はおなじみになりました「山田メモ」です。「南ヨーロッパの自然環境」というテーマに直接的には関係がないけれど、授業中、何気なく入ってくる情報をすかさずキャッチする姿勢は、**勉強だけではなく日常生活全般において重要なことですよ！**

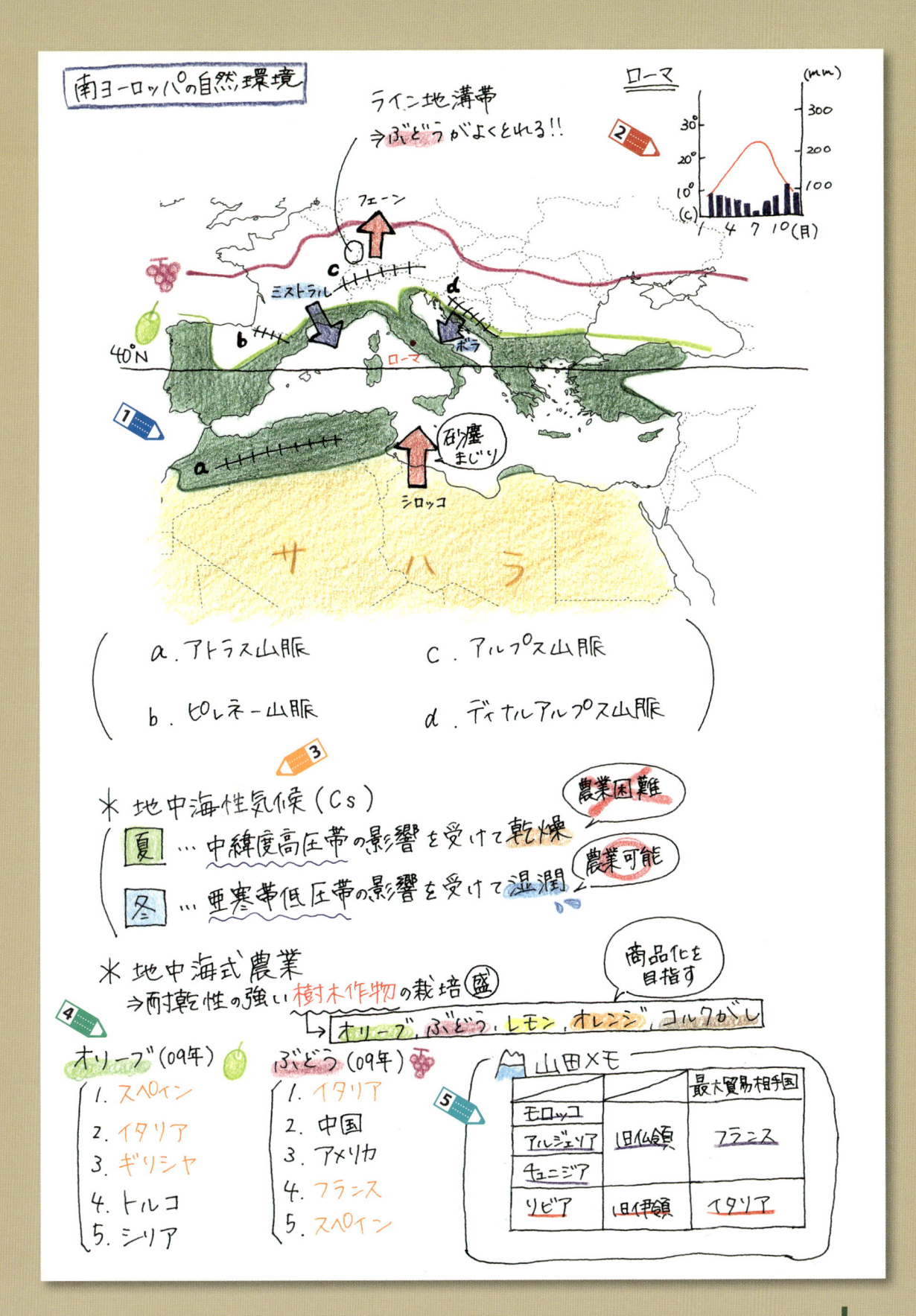

南ヨーロッパの自然環境

ライン地溝帯
⇒ぶどうがよくとれる!!

ローマ

フェーン
ミストラル
ボラ
40°N
シロッコ（砂塵まじり）
サハラ

- a. アトラス山脈
- b. ピレネー山脈
- c. アルプス山脈
- d. ディナルアルプス山脈

※ 地中海性気候（Cs）
- 夏…中緯度高圧帯の影響を受けて乾燥　→農業困難
- 冬…亜寒帯低圧帯の影響を受けて湿潤　→農業可能

※ 地中海式農業
　⇒耐乾性の強い**樹木作物**の栽培 盛　（商品化を目指す）
　→オリーブ、ぶどう、レモン、オレンジ、コルクがし

オリーブ（09年）
1. スペイン
2. イタリア
3. ギリシャ
4. トルコ
5. シリア

ぶどう（09年）
1. イタリア
2. 中国
3. アメリカ
4. フランス
5. スペイン

山田メモ

		最大貿易相手国
モロッコ		
アルジェリア	旧仏領	フランス
チュニジア		
リビア	旧伊領	イタリア

Lecture28　南ヨーロッパの自然環境

Lecture 29 北ヨーロッパの自然環境
北緯60度はどこを走る！？

　北ヨーロッパの自然環境の最大のポイントは、「**なぜ、沿岸部にだけ西岸海洋性気候が展開するのか？**」を理解することにつきます。Lecture 30（➡P.76）の「東ヨーロッパの地誌」では内陸部にまで西岸海洋性気候が展開するわけですが、それは大陸ヨーロッパには暖かく湿った大気を遮る高峻な山脈が存在しないことが背景にあります。

　◀1 に描かれているスカンディナヴィア山脈は古期造山帯です。また、◀2 に描かれている北大西洋海流は暖流で、赤色で描いていることからも、それが一目瞭然ですね。この**北大西洋海流がもたらす暖かく湿った大気がスカンディナヴィア山脈によって遮られる**ことから、山脈以東は冷帯湿潤気候（Df）が展開するのですね（◀3）。冬季になるとボスニア湾が凍結してしまうため、スウェーデンでは国内（キルナなど）で産出した鉄鉱石を自国のルレオから輸出することができない。そのため、冬季はノルウェーのナルヴィクを利用して輸出します。**沖合を流れる暖流の影響で、ナルヴィクでは冬季でも不凍港となるため船舶の接岸が可能**なんですね。それを描いたのが◀4、説明は◀5 にまとめてあります。

　◀6 にはおなじみの断面図が描かれていますね。この断面図から得られる情報は、スカンディナヴィア山脈がスカンディナヴィア半島の西部に寄って位置していること、暖かく湿った大気を遮ること、それによって山脈の西側、東側で展開する気候が異なることですね。**これだけの情報を文字で追っても、なかなか知識として定着しませんが、このノートならすんなり定着するのではないでしょうか。**

　それから忘れてならないのが、北緯60度と北緯66.6度の位置。◀7 に描かれている北緯60度を見ると、**おおよそ北緯60度以北に冷帯湿潤気候（Df）が展開していることがわかりますね**。また、北緯66.6度以北は北極圏ですので、重要な緯線であることはいうまでもありませんね。こういう「目安」となるものを一つひとつチェックしていくことが、地域の理解を助けることになりますので、**しっかりと経緯線は描き入れていきましょう。**

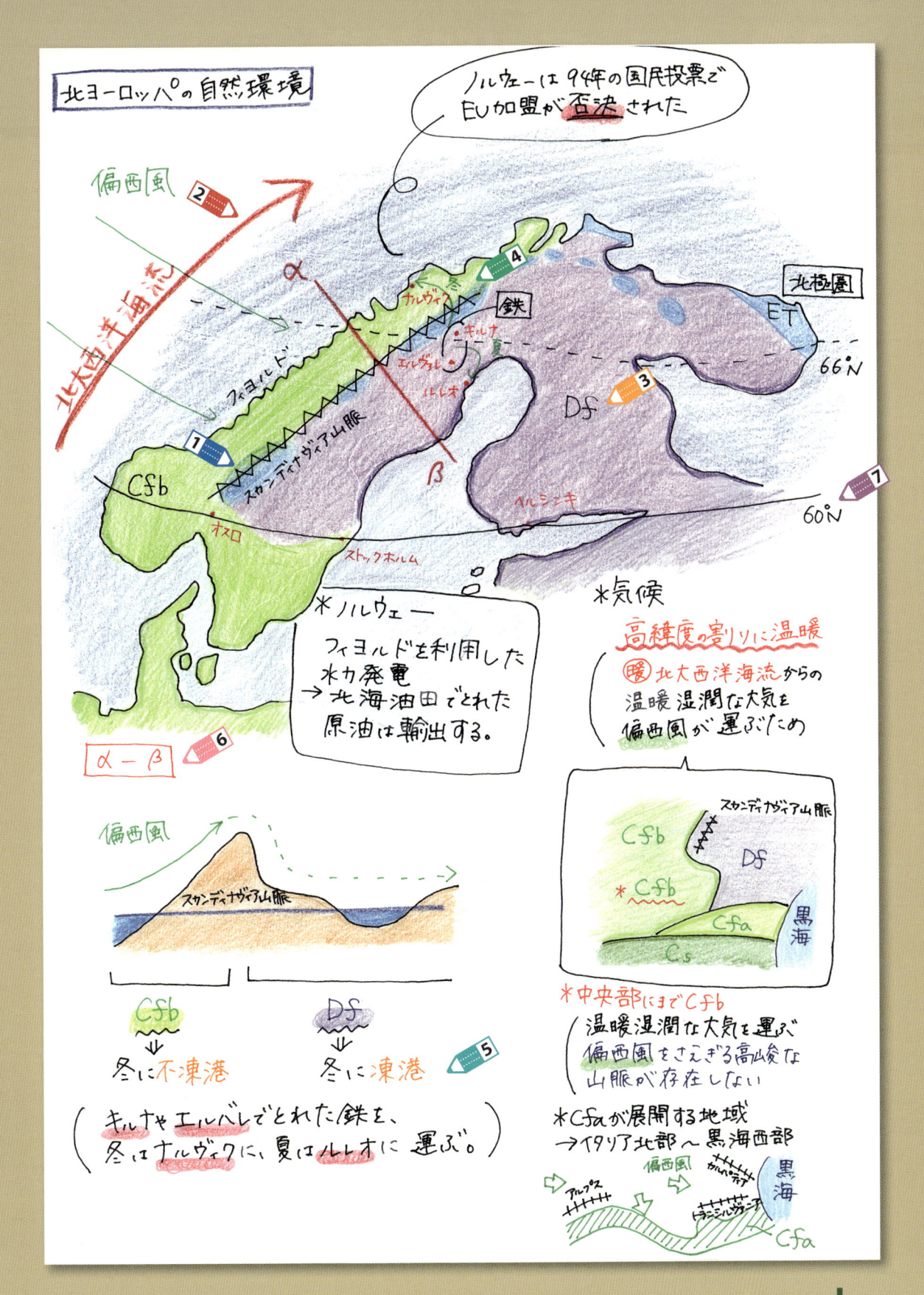

北ヨーロッパの自然環境

ノルウェーは94年の国民投票でEU加盟が否決された

偏西風
北大西洋海流
北極圏 ET
66°N
鉄
ナルヴィク
キルナ
エルベレ
ルレオ
フィヨルド
スカンディナヴィア山脈
Df
Cfb
オスロ
ヘルシンキ
ストックホルム
60°N

※ノルウェー
フィヨルドを利用した水力発電
→北海油田でとれた原油は輸出する。

※気候

高緯度の割りに温暖
暖 北大西洋海流からの温暖湿潤な大気を偏西風が運ぶため

偏西風
スカンディナヴィア山脈
Cfb / Df
↓   ↓
冬に不凍港 / 冬に凍港

キルナやエルベレでとれた鉄を、冬はナルヴィクに、夏はルレオに運ぶ。

スカンディナヴィア山脈
Cfb / Df
※Cfb
Cfa / 黒海
Cs

※中央部にまでCfb
温暖湿潤な大気を運ぶ偏西風をさえぎる高峻な山脈が存在しない

※Cfaが展開する地域
→イタリア北部〜黒海西部

アルプス / カルパティア / 偏西風 / 黒海 / トランシルヴァニア / Cfa

Lecture 29 北ヨーロッパの自然環境

Lecture 30 東ヨーロッパの地誌
メンタルマップを描こう！

　東ヨーロッパの地誌は、中国、旧ソビエト地域と並んで、なかなか知識が頭に残りにくい地域の一つ。もちろん、現在や以前の政治体制とは関係ないわけですが(笑)。

　今回は、白地図を使わないノートの取り方。授業というのは、次にどの単元を学ぶかがおおよそわかっているのですから、本当は白地図を持参して授業に臨むのが一番よいのですが、もし忘れた場合は自分で描くしかない。休み時間に、「先生、白地図ください」とたずねてくる生徒がいますが、「白地図くらい、自分で探して用意しなさい！」と返します。何でも与えてもらえると思うことを改めるところから、勉強は始まるのですから。

　さて、地図を描こうとはいっても、そうそう描けるものじゃないですね。地図帳を見ながらでもいいですし、ノートの下に敷いてなぞってもいいでしょう。今回のノートは、山田さんのメンタルマップです。メンタルマップというのは、各人の頭の中に描かれている地図のこと。山田さんの頭のなかには、東ヨーロッパがこのように描かれているということですね。

　まず、◀1 にはエルツ山脈、ズデーテン(スデーティ)山脈の二つの古期造山帯が描かれており、そして、◀2 にはカルパティア山脈、トランシルヴァニア山脈などの新期造山帯が描かれていますが、**古期造山帯と新期造山帯の記号が違うことがわかりますね。**「エルツ山脈は古期造山帯である」という文字を覚えていくよりは、視覚的に頭に残しましょう！　これは私が授業中に使い分けている描き方ですが、この板書を取ることで、生徒たちは「どの山脈が何造山帯だったか？」、「○○大陸の△△側は何造山帯だったか？」ということで迷うことはないようです。

　この地図に、北緯45度、北緯50度を描き入れ、その間には構造平野が広く展開する（◀3）という情報を書くことで、偏西風が内陸部まで侵入することが理解できます。これが、「北ヨーロッパでは西部沿岸部にだけ展開していた西岸海洋性気候が、大陸ヨーロッパでは内陸部にまで展開する」知識の背景となるのです。

　◀4、◀5、◀6 はそれぞれの国の地誌のノートですが、地誌をまとめる場合は、必ず周辺国家とのつながりを意識してまとめることが大事です。一つの国単独でまとめていくと、実は理解力が進まないことが多いのです。◀6 などはドナウ川の流域を中心に、ハンガリー、ルーマニア、ブルガリアなどの情報が盛り込まれていますね。世界的に有名な河川は支流もなるべく地図に落とし込んでいきましょう。

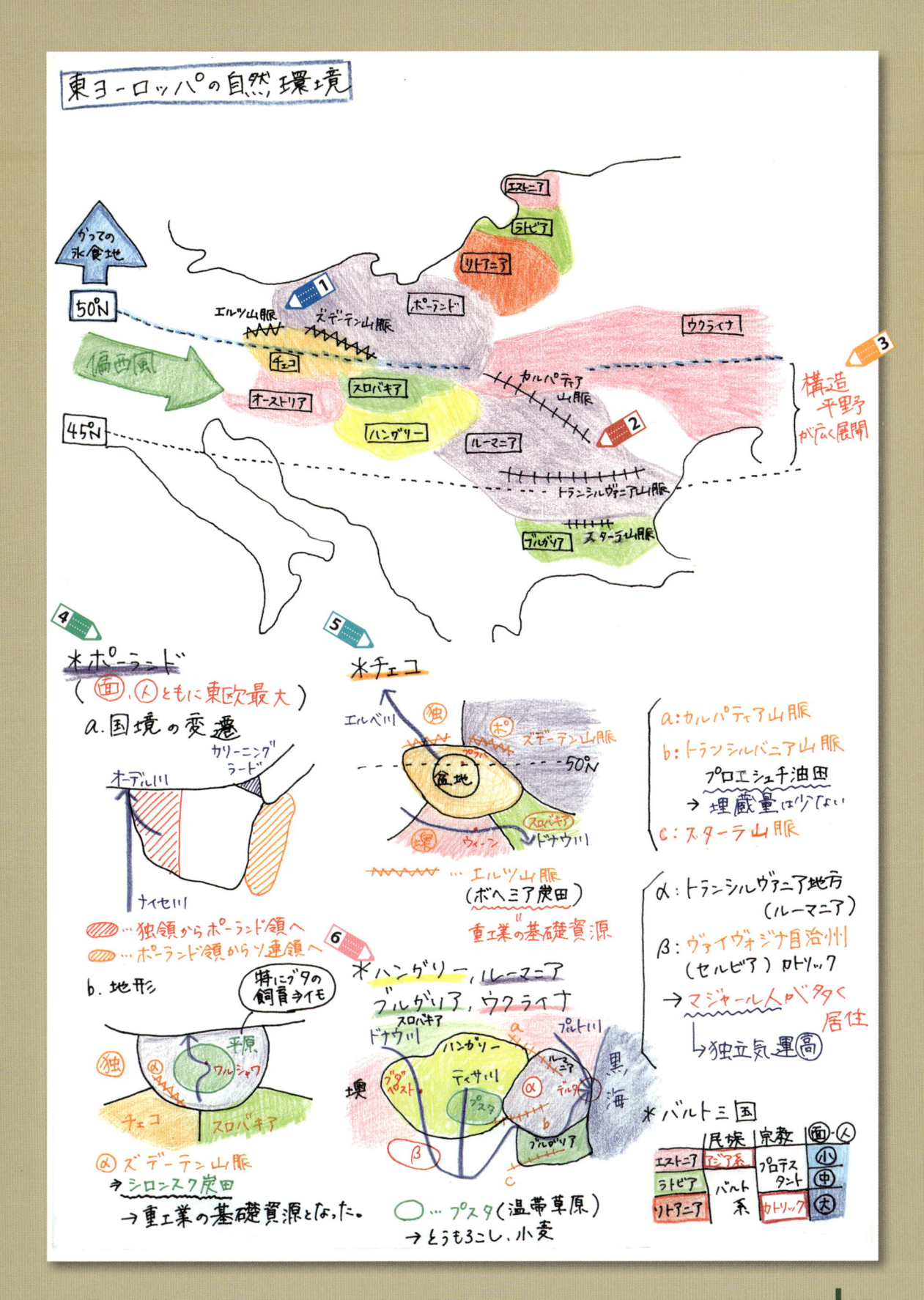

Lecture 30 東ヨーロッパの地誌

Column V 見分けがつかない二つの国旗 Part 2

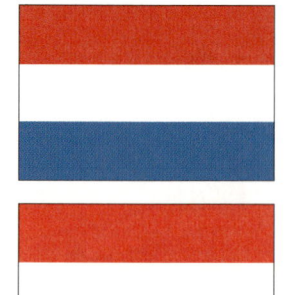

　マネをしたつもりはないのに、いつの間にか似たようなものになっていることは、世の中には多々あります。という「見分けがつかない二つの国旗」のお話の二回目。今回は、オランダとルクセンブルク。右にある国旗は、上がオランダ、下がルクセンブルクのものです。**それにしても似ていますね。**

　この2か国は、ベネルクス三国と呼ばれる、ベルギー、オランダ、ルクセンブルクのうちの2か国。三か国は互いに関税の撤廃を条件にまとまり、いつしか「ベネルクス三国」と呼ばれるようになりました。そして、ドイツ（当時は西ドイツ）、フランス、イタリアを加えた6か国が後のECの原加盟国となり、ECはご存じのとおりEUへと発展しました。俗にこの6か国は「インナーシックス」と呼ばれます。

　ルクセンブルクは長い間、ハプスブルク家とフランスとの支配を受け、1815年にはオランダ王を大公としてルクセンブルク大公国となりました。その後、紆余曲折を経て、1890年にはオランダから独立し、今に至ります。長い間、オランダの支配を受けていたためなのでしょうか。国旗が似ています。

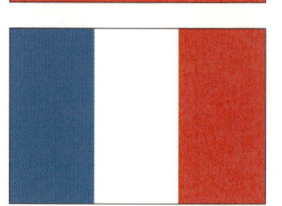

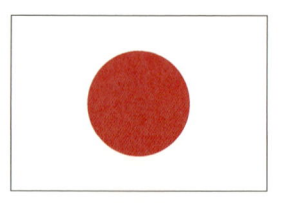

　しかし！　前回のインドネシアとモナコのように全く同じなのではなくて、**青色の濃淡に違いがみられます。**ルクセンブルクの方が微妙に淡い色をしています。ちなみに、同じ、青・白・赤の順番を入れ替えると、ロシアの国旗ができあがりますし、オランダの国旗を90度右回転させると、フランス国旗のトリコロール（三色旗）となります。面白いですね。

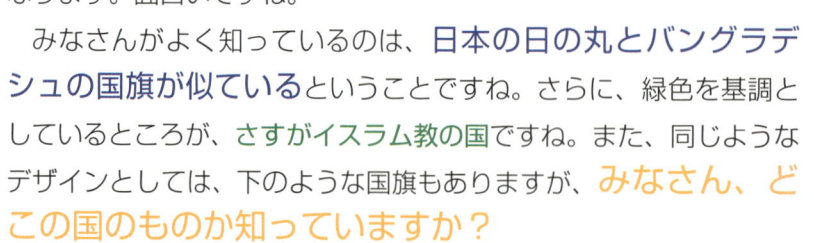

　みなさんがよく知っているのは、**日本の日の丸とバングラデシュの国旗が似ている**ということですね。さらに、緑色を基調としているところが、**さすがイスラム教の国**ですね。また、同じようなデザインとしては、下のような国旗もありますが、**みなさん、どこの国のものか知っていますか？**

> ヒントは、私がよく潜りにいく海のある国ですよ。
>
> 正解：パラオ共和国

Chapter VI

イラストの上手い下手は
　　　関係ありません

- **Lecture 31**　大気の大循環
- **Lecture 32**　降水のメカニズム
- **Lecture 33**　海　　流
- **Lecture 34**　ケッペンの気候区分　Part 1
- **Lecture 35**　ケッペンの気候区分　Part 2
- **Lecture 36**　ケッペンの気候区分　Part 3
- **Lecture 37**　日本の気候区分　Part 1
- **Lecture 38**　日本の気候区分　Part 2
- **Lecture 39**　日本の気候区分　Part 3

- **Column VI**　ラッシーと羊の群れはヨークシャー地方
　　　　　　　　そしてペニン山脈と炭坑員のサム

Lecture 31 大気の大循環
風はどこから吹いてくる?

　風とは、高気圧から低気圧に向かって流れる空気のことをいいます（◁1）。これは大気の大循環を理解していくうえで、基礎中の基礎となる知識ですので色を使って特別強調してありますね。**重要であることが一目瞭然となるような、それくらい極端に目立たせることがノートづくりには重要です。**

　地球規模で展開する高気圧や低気圧があれば、日常生活の範囲内で展開する高気圧や低気圧もあります。どちらにせよ、この高気圧から低気圧に向かって空気が流れます。低気圧となってそのまま真空状態となることはありませんから、空気の密度差を埋めるためのものが風ということとなりますね。これが地球規模で展開する大気の大循環というものです（◁2）。

　◁3　赤道付近は地球上で最も温められる地域で、絶えず上昇気流が生じ、激しい降雨をもたらします。上昇した大気は上空を高緯度地域に向かって移動しますが、赤道周辺から離れることで冷たくなり、密度を増して下降します。下降する大気によって緯度30度周辺で形成されるのが中緯度高圧帯で、風の吹き出し口となるわけです。ここから低緯度側に吹き出されるのが貿易風、高緯度側へ吹き出されるのが偏西風です。

　極付近は太陽エネルギーの到達量が非常に小さいため、寒冷で絶えず下降気流が生じる地域。ここで発達するのが極高圧帯で、ここから低緯度側へ吹き出すのが極東風です。冷たい極東風と暖かい偏西風がぶつかる地域があります。冷たい大気と暖かい大気がぶつかるため前線が形成されるのが亜寒帯低圧帯、別名、寒帯前線帯といいます。◁3 は結果だけが描いてありますが、途中の説明を、余白を使って、山田さんが自分でまとめたのが◁4 です。すごくわかりやすいですね。**ただ板書をノートに写すだけが勉強ではありませんよ。**

　◁5　地球規模でみられる、同じ方向に吹いていく風を恒常風といいます。先述の貿易風、偏西風、極東風の3つです。これらは地球が自転するため、転向力（コリオリの力）がはたらいて、北半球では右向きに、南半球では左向きに力が加わって、単純に南北方向に移動するものではなくなるのです。◁6 では貿易風が北半球において「東寄りの風」となることが強調されていますね。

Chapter VI　イラストの上手い下手は関係ありません

◎大気の大循環

[1]

※風とは高気圧から低気圧に向かって流れる空気。

※模式図

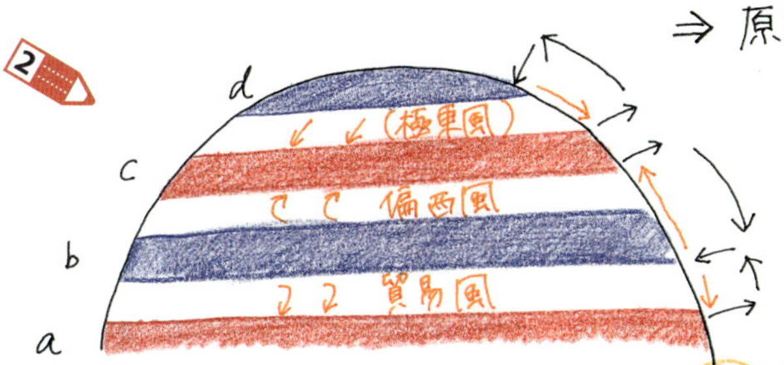

[2]

風が曲がったようにみえる
⇒ 原因は
"自転"
→ コリオリの力がはたらく

[5]

(極東風)
偏西風
貿易風

[4]

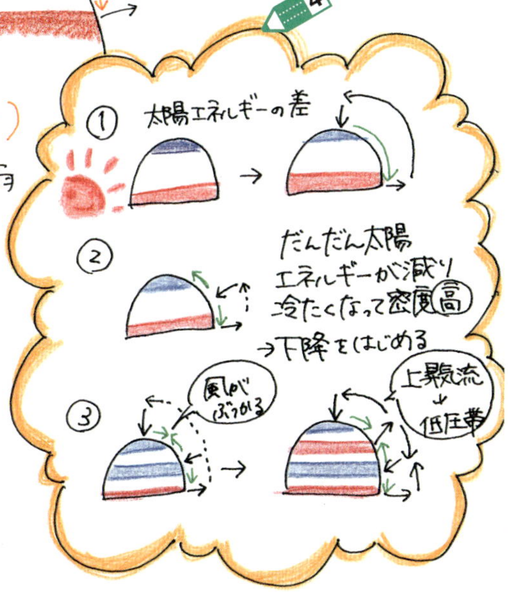

① 太陽エネルギーの差

② だんだん太陽エネルギーが減り冷たくなって密度高
→ 下降をはじめる

③ 風がぶつかる / 上昇流→低圧帯

[3]

a. 赤道低圧帯（熱帯収束帯）
→ 上昇気流、激しい降雨

b. 中緯度高圧帯
→ 降水量が少なく乾燥

c. 亜寒帯低圧帯
→ 低気圧や前線が発達

d. 極高圧帯
→ 放射冷却で常に低温
→ 年中安定した高圧帯

[3]

※赤道付近

集まる
↓
重い=下がる

自転⇒　　　⇐自転

貿易風

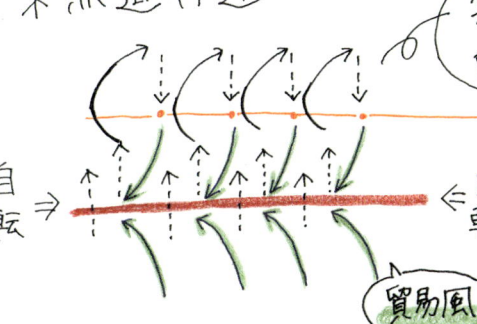

北半球
　北東貿易風
南半球
　南東貿易風

[6] 東寄りの風

Lecture 31　大気の大循環　81

Lecture 32 降水のメカニズム
位置関係は正確に！

　降水は、雨や雲、雹、霰などの大気中の水蒸気が凝結して落下したものをいいます。これは何かしらの要因で、大気が上昇することで温度が下がり、それにともなって飽和水蒸気量を減じることで、含みきれなくなった水蒸気が凝結して雲をつくり、雨を降らせます。これが降水のメカニズム。しかし、そこまで難しく考えなくても、**「上昇気流がみられるところは雨が降るところ」** と理解しましょう。◁**1**は**重要ポイントですので、一目瞭然となるように強調しておきましょう！**

　上昇気流がみられるところは、大きく4つあります。◁**2**　対流性降雨は空気が対流して、上昇気流が生じる地域でみられます。熱帯地域などで、日中の猛暑によって大気が急激に温められて上昇気流が生じ、夕方にスコールがみられることがありますが、これが対流性降雨です。また、上空に寒気が入り込むことで下降気流がみられ、それによって押し上げられた大気が上昇していく過程で降水がみられることがあります。これも対流性降雨です。

　◁**3**　地形性降雨は山地の風上側でみられる降水のことで、降水をもたらした大気は山地を越えて風下側に乾いた大気となって吹き下ろしますので、「フェーン現象の風上側」でみられる雨とわかりやすく捉えてはどうでしょうか。山田さんはそのように追記していますね。**本来、復習するのはノートを取った人だけのはずですから、ノートを取ったみなさんが一番復習しやすいノートを作りましょう。**

　◁**4**　前線性降雨は、気温の違う2つの気団の間でみられる降水です。暖気と寒気が会合するところでは、軽い暖気が重い寒気の上に乗り上げ、これによって上昇気流が生じて降水をもたらすのです。前線性降雨は主に2つに分けられ、暖気が前進して寒気の上に乗り上げて形成されるのが温暖前線、寒気が前進して暖気を持ち上げて形成されるのが寒冷前線です。前者の好例は梅雨前線、後者の好例が秋雨前線です。◁**5**には温暖前線の好例である梅雨前線が描いてありますが、ちょっとオホーツク海気団が南に描かれすぎていますね。オホーツク海気団は日本の北側に発達する高気圧ですので、**位置関係は正しくノートにまとめることが大事です。**

　降水はほかに、収束性降雨があります。これは**貿易風が赤道に収束して上昇気流が生じることでみられる降水**などです。赤道周辺は貿易風が収束することから、赤道低圧帯は別名、熱帯収束帯とも呼ばれています。

Chapter VI　イラストの上手い下手は関係ありません

◎降水のメカニズム

※大気で<u>上昇気流が生じ飽和水蒸気量を減じる</u>ことでみられる。
　　　　　　　　　　　気温の高低によって変化←┘

① 対流性降雨
　⇒空気が対流し、上昇気流を生じる。ex) スコール・夕立ちなど

② 地形性降雨 → フェーン現象の風上
　(例) イギリス

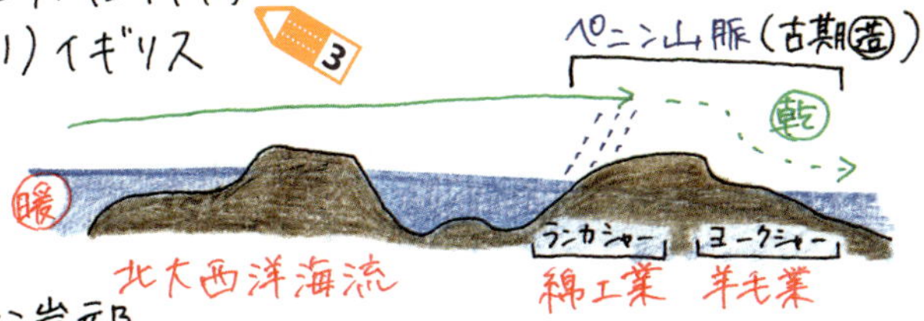

　ペニン山脈 (古期造)
　北大西洋海流　ランカシャー　ヨークシャー
　　　　　　　　綿工業　　　　羊毛業
　暖　　　　　　　　　　　　　　　乾

③ 沿岸部

　高 ←→ 低　隔海度
　少 ←→ 多　降水量

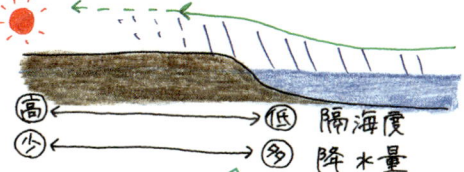

④ 前線性降雨
　※気温の違う2つの気団の間でみられる。

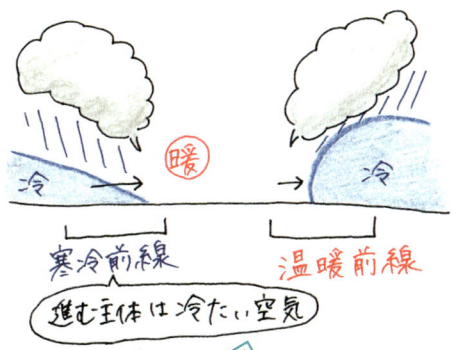

　寒冷前線　　　温暖前線
　冷→暖　　　　→冷
　(進む主体は冷たい空気)

※梅雨前線

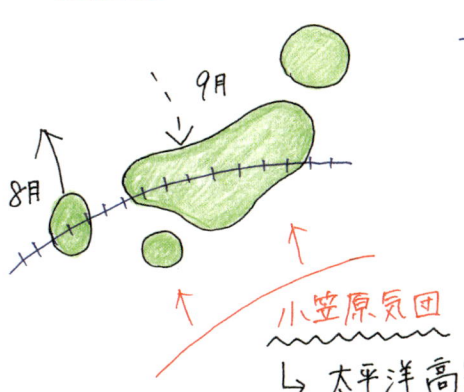

　　　9月
　8月 ↑
　　　　　小笠原気団
　　　　　↳ 太平洋高気圧の一部

┼┼┼┼┼… オホーツク海気団
　　　　　→「やませ」をもたらす

梅雨前線 (6〜7月)
　温暖前線
秋雨前線 (9月)
　寒冷前線

Lecture 33 海　流
知識のない者に思考などはたらかない！

　「海流」と一般的に呼ばれるものは、恒常風の影響を受けて一定方向に流れる海域のことをさします。これが基礎中の基礎となる知識。◀1はしっかりと重要度の高さを強調していますね。実際、海流とは水深数百ｍまでの海面表層で恒常風の影響を受けて起こる風成循環と、水深数百ｍより深い海面深層で海水の密度差によって生じる熱塩循環からなるものです。高等学校の地理では風成循環のことを習います。

　◀2　海流の模式図が描かれています。東寄りの風であった貿易風の影響を受けて、赤道周辺の海域は西へ運ばれていきます。これが大陸の東岸にぶつかると、それぞれ高緯度側へと流れていきます。流れた海域が偏西風帯まで到達すると、偏西風（西寄りの風）の影響を受けて、今度は東へ流れていき、そして大陸の西岸にぶつかると赤道に向かって流れていきます。このことから、北半球では時計回り、南半球では反時計回りの海流が形成されるわけです。海流に対する理解力を深めるためには、まず大気の大循環を理解しておく必要があることがわかりますね。このように地理学を勉強していくうえで、順番に正しく知識をつなげていくことが重要なのです。

　一般的に暖流と寒流の絶対的水温の境目はありません。あくまで周辺海域との比較で決められます。確かに暖流は暖かく、寒流は冷たいのですが、暖流は高緯度に向かって流れる海流、寒流は低緯度に向かって流れる海流であると認識することが重要なのです（◀3）。そのため一部の例外を除き、大陸東岸の沖合では暖流が、大陸西岸の沖合では寒流がそれぞれ流れているわけです。また、暖寒流それぞれに多く生息する海水魚がいます。これをまとめたのが◀4ですね。暖寒流それぞれの魚種がわかっていれば、沖合を流れる海流が暖流か寒流かによって、どんな魚が水揚げされるのかが予測できるわけです。

　◀5　日本近海を流れる海流は4つありますが、暖寒流の位置と暖寒流それぞれに生息する魚種の知識を組み合わせて問題を解いていくわけです。知識がない者に思考などはたらかないという好例で、いわゆる「知識の連鎖」を感じる瞬間です。

　潮目は好漁場となることで知られています（◀5）。これは暖寒流が会合する海域で、密度の大きい寒流が暖流の下に潜り込むことで海水中の栄養分が表層部分に送られ、プランクトンが発生するからです。これを湧昇流といって、この湧昇流がみられるところは好漁場となりやすいのです。

84　Chapter VI　イラストの上手い下手は関係ありません

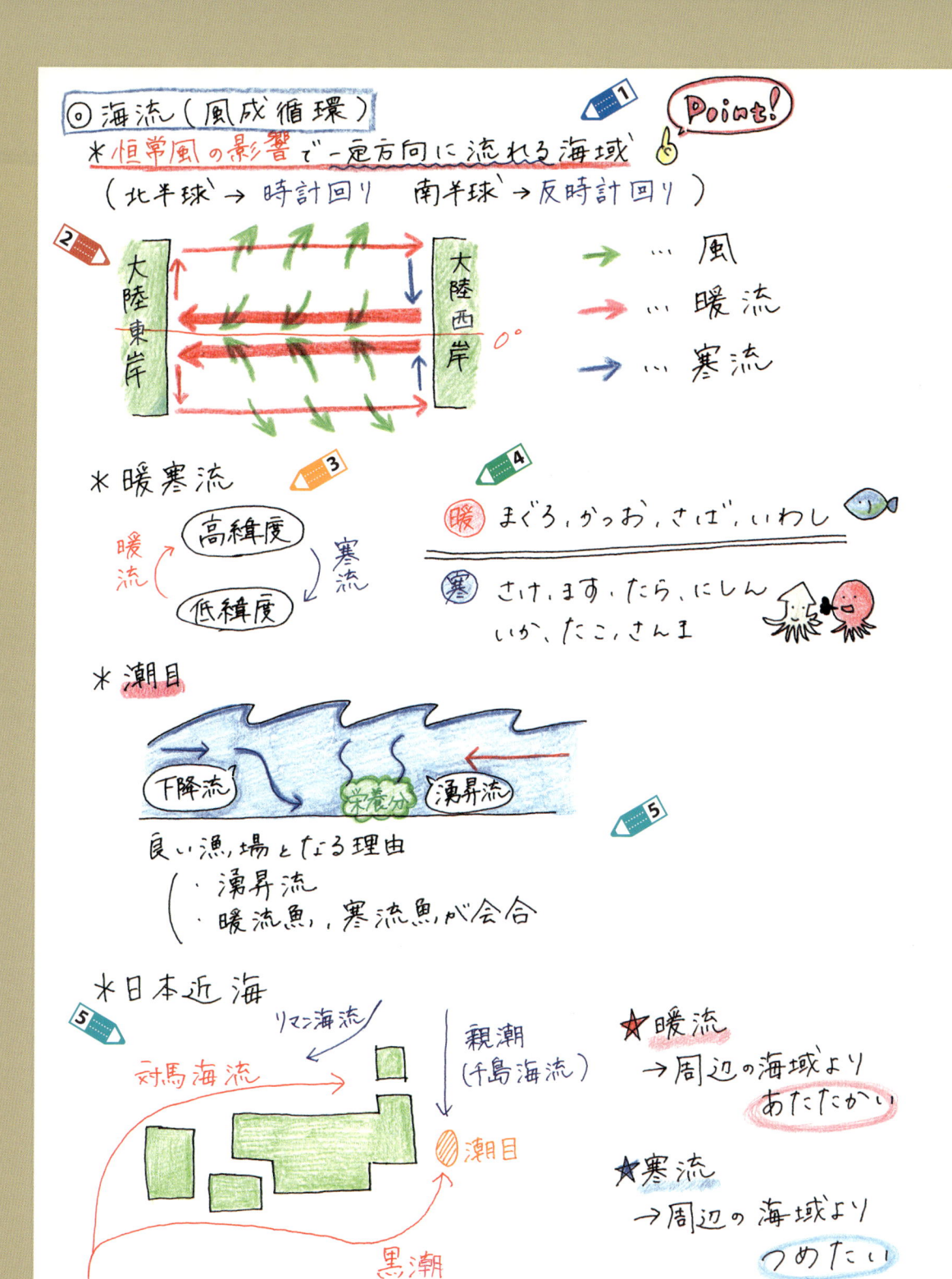

◎ 海流（風成循環）
  * 恒常風の影響で一定方向に流れる海域
   （北半球 → 時計回り　南半球 → 反時計回り）

→ … 風
→ … 暖流
→ … 寒流

* 暖寒流
  暖流 ↗ 高緯度
  低緯度 ↘ 寒流

暖 まぐろ、かつお、さば、いわし
寒 さけ、ます、たら、にしん、いか、たこ、さんま

* 潮目
  下降流　栄養分　湧昇流

良い漁場となる理由
 ・湧昇流
 ・暖流魚、寒流魚が会合

* 日本近海
  リマン海流
  対馬海流
  親潮（千島海流）
  潮目
  黒潮（日本海流）

★ 暖流
 → 周辺の海域より あたたかい

★ 寒流
 → 周辺の海域より つめたい

Lecture 33　海流　85

Lecture 34 ケッペンの気候区分 Part 1
知識は次の知識の下地となる！

　ウラジミール・ペーター・ケッペン、われわれが「ケッペン」と呼んでいる人物のフルネームです。彼がアルフレッド・ウェゲナーの義父であることはすでにお話ししましたね。ケッペンは、植生の分布に注目して気候を区分していきました。植生というのは、気温と降水量によって変化することから、「植生の分布がわかれば、気温と降水量の大小がわかるだろう」と考えたわけです。みなさんも小学生の時、「植物を育てるのに必要なもの」として、光、水、土、酸素、適度な温度などと習ったことがあるのではないでしょうか。それと同じです。◀1　「ケッペンは植生の分布に注目して、気候を区分」したということが、ケッペンの気候区分を学習するうえで最も重要なのです。重要度の高さが一目瞭然となっていますね。

　ケッペンは、気温と降水量の大小によって植生がみられるか、みられないかと大きく二つに分けました（◀2）。これを大区分といって、植生がみられる樹木気候、植生がみられない無樹木気候の二つ。小学校の時に習った「植物を育てる条件」を考えれば、植生がみられるということは、「気温が著しく低いわけではなく」、「適度に降水がみられる」という条件が必要です。

　ここで重要なのは、「植生がみられる」ということは、例えるならば「リンゴの木が育つ」ということです。そして「リンゴの栽培が可能」ということですから、「植生がみられる気候」は「農業が可能な気候」ということになりますね。それをしっかりと意識することが、農業地理を学ぶうえで重要な下地となっていきます。「今は何を言っているのかわからない」けど、「知識のつながりを知ることで、わからなかった知識の意味が理解できる」ことは多々あります。どんな知識の下地となるのかわからないわけですから、どんどんメモを残していきましょう。

　では、降水量の大小が「何をもって大きい、小さいとなるのか」をみていきましょう。降水量の大小の境目は、樹木気候と無樹木気候の境目でもあります。◀3を見れば、農業が「可能」か「困難」かの境目でもあることがわかるでしょう。基本的には無樹木気候下では農業は不可能ですが、灌漑を行えば農業が可能ですので、「困難」が適切な表現だといえます。無樹木気候である乾燥帯は砂漠気候（BW）とステップ気候（BS）に細分され、正確には乾燥限界値を算出しますが、目安として年降水量250mmを境とします（◀4）。ステップ気候は短草草原がみられますので、家畜の放牧が可能となる気候ですが、砂漠気候はまったく農業ができない不毛地ということです（◀5）。

　◀6　それにしても、山田さんが描いたケッペンは良い味を出していますね。

◎ ケッペンの気候区分

※ ケッペンは**植生の分布**に注目して、気候を区分。

〈大区分〉

① 樹木気候（植生 有 = 農業 可）
　　熱帯（A）　温帯（C）　冷帯（D）

② 無樹木気候（植生 無 = 農業 不可）
　　乾燥帯（B）　寒帯（E）

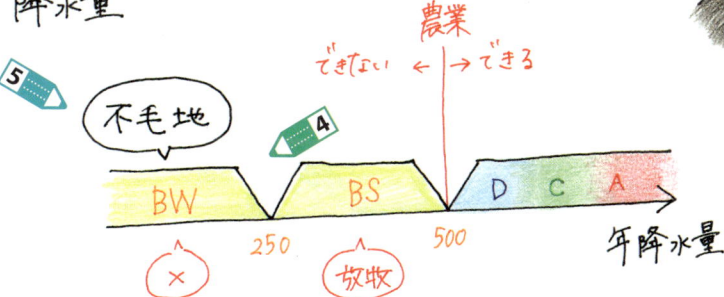

ⅰ 降水量

　　　　　　　　　　農業
　　　　　　　できない ← | → できる

　不毛地
　┌──┐
　│BW│＼　BS　／D　C　A→ 年降水量
　└──┘　＼／
　　　　　250　　500
　　（×）　　（放牧）

※ 降水の型

① S型（夏季乾燥）
　⇒ 夏の降水量 ×3 ＜ 冬の降水量
　　└→ 1年で気温の高い3ヶ月

　27℃　26℃　25℃　　7℃　6℃　5℃
　20mm　15mm　㉕mm　⑧⓪mm　90mm　100mm

　25 × 3 ＜ 80

② W型（冬季乾燥）
　⇒ 冬の降水量 ×10 ＜ 夏の降水量

　27℃　26℃　25℃　　7℃　6℃　5℃
　⑧⓪mm　90mm　85mm　5mm　⑦mm　6mm

　7 × 10 ＜ 80

③ f型（年中平均降雨）
　⇒ S型でもW型でもない。

Lecture 35 ケッペンの気候区分 Part 2
イラストにして視覚的に捉えよう！

　Lecture 34（➡P.86）では「降水量の大小」についてお話ししましたが、今回は「気温の大小」です。

　気温の大小の境目は、降水量と同じく樹木気候と無樹木気候の境目です。 無樹木気候は乾燥帯と寒帯がありますね。◁1　寒帯は最暖月平均気温10℃未満の気候です。この気温は、樹木気候と無樹木気候との境目ですから、農業が「可能」か「困難」かの境目でもあります（◁2）。

　寒帯気候は、最暖月平均気温0℃未満の氷雪気候（EF）と、0℃以上10℃未満のツンドラ気候（ET）に細分されます。氷雪気候は、最暖月、つまり夏でも0℃を超えないという厳寒の地ですので、大陸氷河が広がる地域です。大陸氷河といえば、南極大陸とグリーンランド内陸部ですね。この二地域にだけ氷雪気候が展開していることを知っておきましょう（◁3）。**こうした口頭説明をすかさず記しておくあたりが、積極的でいいですね。** ツンドラ気候下では、短い夏に氷が溶けて、地衣類や蘚苔類といった植生がみられます。これを餌として飼育されるのが、トナカイですね。家畜は写真やイラストなどで出題されることがありますから、◁4のような**イラストを残しておくことはとても重要です。**

　右図のような仮想大陸図というものがあります。これは気候区分を大まかに表したものですね。地球というのは自転しながら太陽の回りを公転します。そして、地軸が23.4度傾いていることから、地球に最初に太陽エネルギーが到達する場所が変わります。**簡単にいえば、「赤道の位置」が変わるということです。** そのことから赤道低圧帯、中緯度高圧帯、亜寒帯低圧帯の位置も季節に応じて南北にずれます（◁5）。このことが、仮想大陸図のような気候分布を生み出すのです。

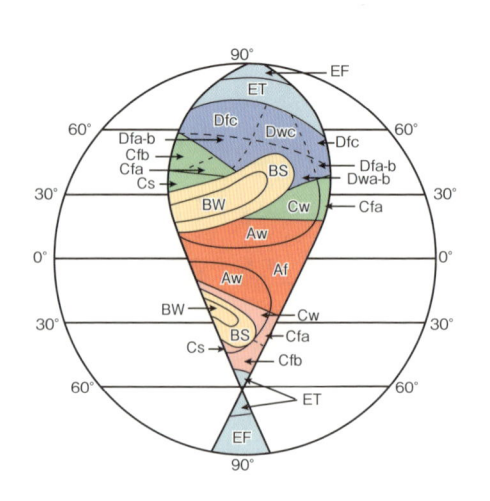

ii 気温

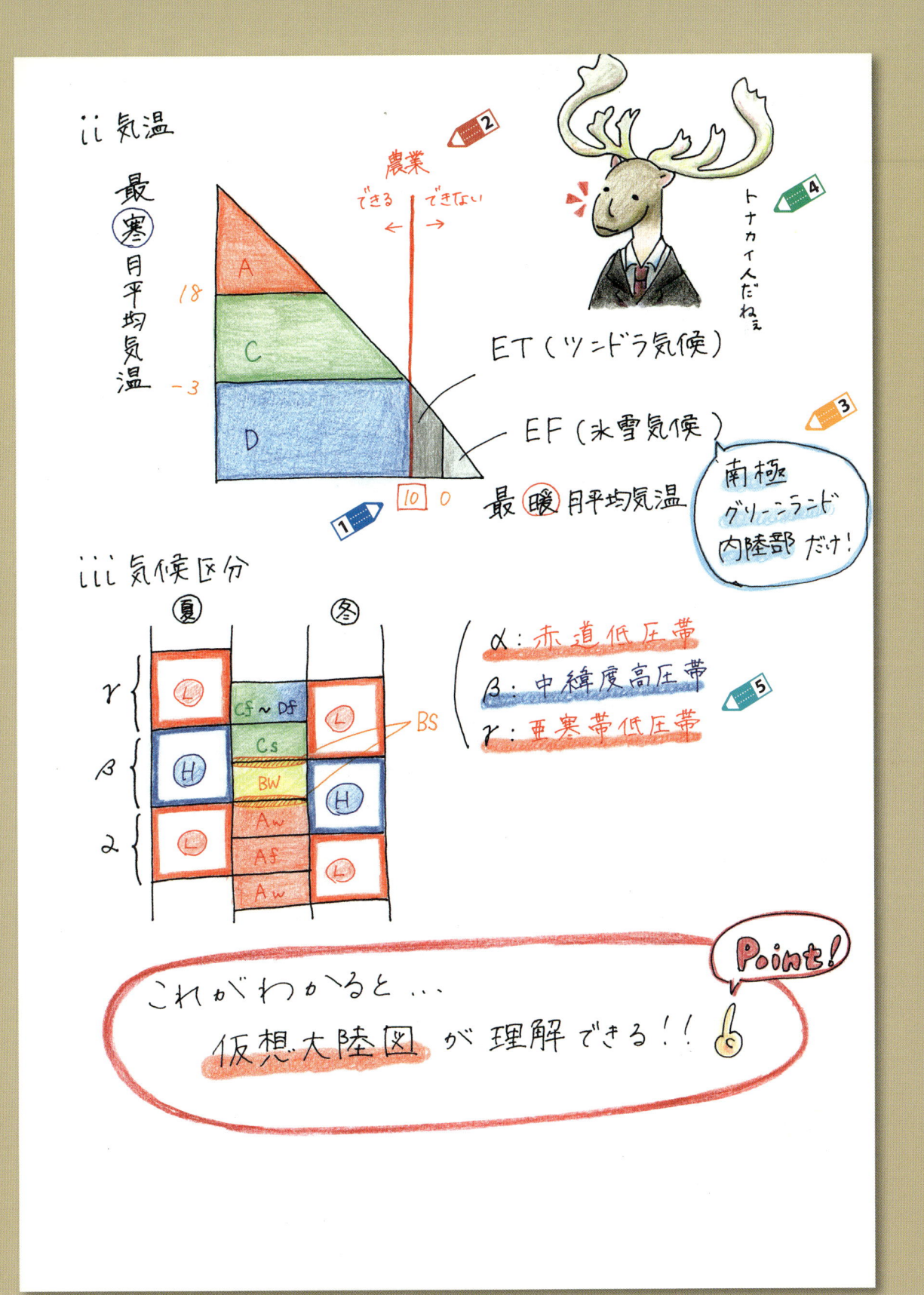

最寒月平均気温　18　-3
最暖月平均気温　10　0

A
C
D

農業　できる ← | → できない

ET（ツンドラ気候）
EF（氷雪気候）

トナカイんだねぇ

南極 グリーンランド 内陸部 だけ！

iii 気候区分

夏　冬

γ { L ／ Cf〜Df ／ L } BS
β { H ／ Cs ／ BW ／ H }
α { L ／ Af ／ Aw ／ L }
　　　　Aw

α：赤道低圧帯
β：中緯度高圧帯
γ：亜寒帯低圧帯

Point!
これがわかると…
仮想大陸図 が理解できる！！

Lecture 35　ケッペンの気候区分 Part 2

Lecture 36 ケッペンの気候区分 Part 3
無機質な数値に意味をもたせる！

　Lecture 34（➡P.86）とLecture 35（➡P.88）では、樹木気候、無樹木気候という大区分をテーマにお話をしました。さらに細かくみていきましょう。

　◀1は熱帯気候（A）についてまとめてあります。**熱帯気候は最少雨月降水量と年降水量を使って細分します。**最寒月平均気温18℃以上、最少雨月降水量60mm以上を示す気候は、熱帯雨林気候（Af）です。確かにこの60mmという数値を覚えなければならないのですが、数値というのは物事を表現するのに使うものであって、そのままでは数値そのものに意味はありません。ですから、無機質な「60mm」ということを覚えても、なかなか頭に定着しにくいかもしれませんが、**この数値に意味をもたせましょう。**◀2の**「最少雨月降水量60mm」は植生が枯れるか枯れないかの境目だといわれています。**最少雨月降水量60mmを超える熱帯雨林気候は植生が枯れることがありませんので、常緑広葉樹が分布するのです。「熱帯雨林気候では常緑広葉樹が分布する」という言葉を丸覚えするより、知識の連鎖を意識して記憶の定着を図ってください。

　最少雨月降水量60mm未満の気候はさらに、年降水量2,500mm未満のサバナ気候（Aw）、2,500mm以上の熱帯モンスーン気候（Am）に細分されます。サバナ気候は雨季と乾季が明瞭な気候ですので、年降水量が2,500mmを下回ります。

　熱帯モンスーン気候はその名前から、モンスーンの「m」だと思っている人が結構いますが、実は、「middle」（ドイツ語で「mittel」という）の「m」なんです。熱帯雨林気候とサバナ気候の「中間」の降水量がみられる気候なんです。だから、「middle」の「m」、**決して「Miyaji」の「m」ではありません！** と授業で説明したら、◀3にそれをメモっていますね。それにしても、山田さんが描いてくれた私は…、似てますか…？

　お暇な人は、右図と比べてみてください（笑）。

iv A気候の区分

最少雨月降水量(mm)

60 — Af（枯れない↑植生↓枯れる）
　　Am
　　Aw
　　　　2500　年降水量(mm)

○ middle a m
× モンスーンの m

Miyajiの M でもない。 ←先生

V Cfの区分

Cfb ／ Cfa
　　22　最暖月平均気温(℃)

① Cfa（温暖湿潤気候）
　1. 大陸東岸 に顕著
　2. 年較差が 大
　3. 年 1000mm 以上
　　→ 稲作に適す

大陸西岸には存在しない!!

本州以南の日本列島、中国の華中地域、アメリカ東部、ラプラタ川下流域、オーストラリア東部

② Cfb（西岸海洋性気候）
　1. 大陸西岸 に顕著
　2. 年較差 小
　3. 年 500mm 〜 800mm
　　→ 小麦栽培に適す

オーストラリア南東部以外に大陸東岸には存在しない!!

西ヨーロッパ、スカンディナビア半島西部、北米大陸北西部、チリ中南部、NZ全域

Lecture 36　ケッペンの気候区分 Part 3　91

Lecture 37 日本の気候区分 Part 1
日本列島の地図を用意しよう！

　日本は、ユーラシア大陸の東岸に位置していることから、気温と降水量の年較差が大きい気候を有する国です。日本列島が位置する緯度帯は、北は北緯45度33分から南は北緯20度25分まで広がっており、冷帯、温帯、亜熱帯と多岐にわたっています。■1　日本の気候は、一般的に地域に応じてa. 北海道気候、b. 太平洋気候、c. 内陸性気候、d. 瀬戸内式気候、e. 日本海気候、f. 南西諸島気候の6つに区分されます。なぜそのような区分がみられるかというと、緯度だけでなく、海流や山脈、モンスーン（季節風）などの自然環境の影響を受けるからです。暖寒流を色分けするのは基本ですね。しかし、これは白地図を持参して、右図のように地図に情報を落とし込んだほうがよかったでしょうね。

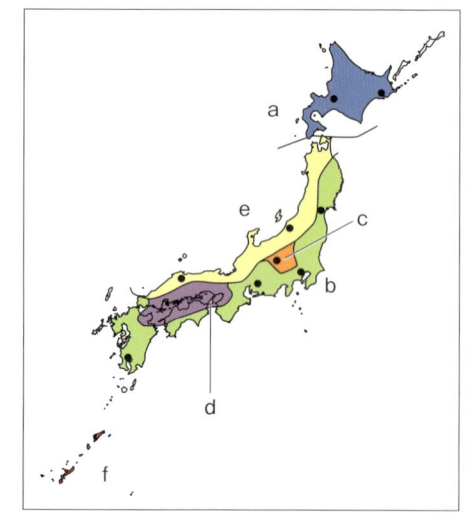

　■2　北海道気候は、梅雨前線の影響が少なく、梅雨の訪れがない気候です。梅雨前線は小笠原気団とオホーツク海気団との間に形成される温暖前線のことですが、小笠原気団が勢力を増して張り出すことで、梅雨前線は日本海側へと抜けていきます。そのため、北海道の西部など、一部梅雨前線の影響を受ける地域もありますが、北海道の多くの地域は梅雨前線の影響をほとんど受けないのです。さらに、北海道は高緯度に位置して大陸東岸であることから、日本列島のなかでも特に年較差が大きい地域で、唯一、冷帯湿潤気候が展開します。

　■3　太平洋気候は特にモンスーンの影響が大きい地域で、夏季は南東モンスーンがもたらす湿潤な大気の影響で多雨となり、冬季は北西モンスーンの風下側で少雨となります。夏季の南東モンスーンを吹き出しているのが小笠原気団、太平洋高気圧の一部のことですね。一方、冬季の北西モンスーンを吹き出しているのはシベリア気団。日本海側に吹きつけた北西モンスーンは、脊梁山脈を越えて関東平野などの太平洋側に吹き下ろします。ようするにフェーン現象が起こるわけですね。そのため冬季に乾燥するのです。

　■4　内陸性気候は海に面していない地域に展開し、隔海度が高く気温の年較差が大きくなります。いわゆる暖まりやすく冷めやすいというわけですね。群馬や長野などのいわゆる高原地域が該当します。冷めやすいという気候を利用して、成長を抑制した野菜栽培が行われています。これを抑制栽培といって、キャベツやレタス、白菜などが栽培されて大都市に向けて出荷されます。あまり市場に出回らない時期、いわゆる端境期出荷を目指す農業です。

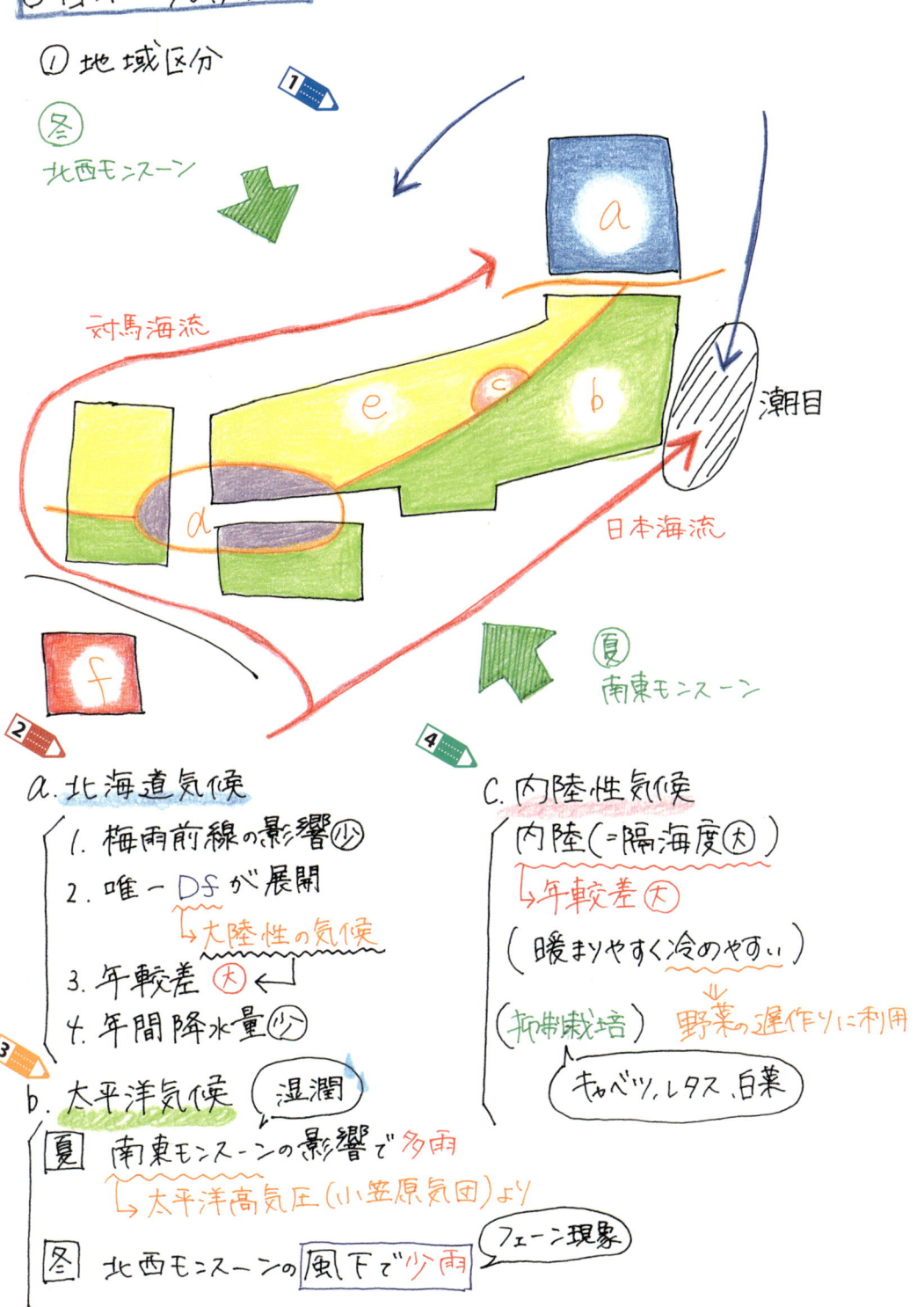

◉日本の気候区分

① 地域区分

冬 北西モンスーン

対馬海流

潮目

日本海流

夏 南東モンスーン

a. 北海道気候
 1. 梅雨前線の影響 少
 2. 唯一 Df が展開
  → 大陸性の気候
 3. 年較差 大
 4. 年間降水量 少

b. 太平洋気候（湿潤）
 夏 南東モンスーンの影響で 多雨
  → 太平洋高気圧（小笠原気団）より
 冬 北西モンスーンの 風下で 少雨 （フェーン現象）

c. 内陸性気候
 内陸（=隔海度 大）
  → 年較差 大
 （暖まりやすく冷めやすい）
 （抑制栽培）→ 野菜の遅作りに利用
  キャベツ、レタス、白菜

Lecture 38 日本の気候区分 Part 2
イラストの上手い下手は関係ありません！

　わが国の気候は、**北海道を除いた地域では温暖湿潤気候が展開します**。しかし、成因の違いを細かくみていくと、同じ温暖湿潤気候のなかでも異なる特徴をもった気候が存在します。

　◀1　瀬戸内海地方の気候は、**南北を山地に囲まれていることからモンスーンの影響が比較的小さく、年降水量が比較的少ない気候を示します**。「年降水量が比較的少ない」といっても、全世界平均の降水量よりは多いので注意しましょう。

　日本列島は夏季と冬季でそれぞれモンスーンの影響を受ける国。瀬戸内地方は北側の中国山地、南側の四国山地にそれぞれ挟まれていることからモンスーンの影響が小さく、それぞれのモンスーンの風下側に位置するため乾いた風が吹き下ろしてきます。梅雨前線や秋雨前線の影響は受けますが、年降水量が比較的少ない地域となるのです。

　瀬戸内海地方は、**降水量が少ないことから古くから稲作ではなく畑作を中心に農業が営まれてきました**。真言宗の開祖である空海がつくった溜め池、満濃池（まんのういけ）が有名で、これを元に灌漑（かんがい）農業が行われており、満濃池以外にも多くの溜め池がつくられた地域です。

　◀2　日本海側は、**冬季の北西モンスーンの影響で豪雪地帯となる地域です**。ユーラシア大陸に発達したシベリア気団から吹き出された乾いた風は、対馬海流の上空を通過するとき、暖かく湿った大気によって高湿化し、日本列島を縦断する脊梁（せきりょう）山脈によって強制的に上昇気流が生じて飽和水蒸気量を減じて降水がみられます。これが地形性降雨というもので、山地の風上側でみられる降水です。この因果関係は論述問題などでも出題される重要事項なので、**入試情報のメモをとる姿勢はいいですね**。豪雪地域ならではの建造物がみられ、合掌造りやがんぎが有名ですが、入試問題では写真などで出題されることが多々ありますから、少しでも記憶にとどめておくためにイラストを残しておくのはよいことです（◀3）。**イラストの上手い下手は関係ありません、あとあと自分の記憶に残るノートを作っておくことが大事です。**

　◀4　南西諸島は、日本列島において最南部の低緯度地域に位置するため、**亜熱帯の様相を呈する地域です**。周囲を海に囲まれていることから、隔海度が小さく、気温と降水の年較差が非常に小さい気候です。

d. 瀬戸内式気候

南北を山地に挟まれており、モンスーンの影響 ⓢ
⇒ 年降水量 ⓢ

冬 — 少雨 — 夏

畑作中心の農業
⇒ 灌漑用水、ため池を利用

e. 日本海気候

❄ 北西モンスーンの影響で豪雪
これに対応した建造物 有

1. 合掌造り
2. がんぎ — 雪

冬 シベリア気団 地形性降雨 乾 からっ風

豪雪 / 少雨

f. 南西諸島気候
　1. 亜熱帯の様相
　2. 隔海度 ⓢ
　　└ 年較差 ⓢ
　　　降水量 ⓜ

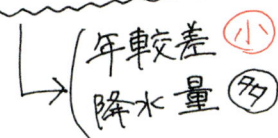

Lecture 39 日本の気候区分 Part 3
一手間が、合格への一押しとなる！

　日本の気候は地域による違いもさることながら、季節による違いも顕著です。冬はユーラシア大陸に発達したシベリア気団の影響で、相対的に日本の東の海上に低気圧が発達します。これが、「西高東低」といわれる冬型の気圧配置ですね。風というのは、高気圧から低気圧に向かって吹き出されるので、日本列島の北西から南東にかけて筋状の雲が発達します。この北西モンスーンが、日本海側に湿った大気を吹きつけ、冬季の豪雪をもたらすわけですね。◀︎1 にしっかりと筋状の雲となる様子が描かれています。冬の天気図は入試頻出ですので、こういう一手間が、合格への最後の一押しとなるわけです。

　冬至（12月21日頃）と春分（3月23日頃）の中間を立春（2月4日頃）といって、これ以降の最初の南風を「春一番」といいます。中国大陸で発達した揚子江気団から切り離された移動性高気圧とオホーツク海気団が交互に影響力をもち、寒暖が繰り返されて徐々に暖かくなります。◀︎2　揚子江気団は中国大陸で発達しますが、その様子をしっかりと描いていますね。とにかく視覚的にノートを取りましょう。

　続いて梅雨が訪れます。◀︎3　日本列島の北側に発達した寒冷なオホーツク海気団と、南側に発達した温暖な小笠原気団との間に前線が発達します。これが梅雨前線で、暖気（小笠原気団）が前進することで発達しますので、梅雨前線は温暖前線というわけです。さらに小笠原気団が勢力を強めると、梅雨前線は日本海側へ抜けていきます。北海道は梅雨前線の影響がほとんどないという話とつながりますね。

　太平洋高気圧（小笠原気団）に覆われて、暑い夏が訪れます。そこでは南の海上で発生した台風の影響を受けることもありますね。とにかく日本の夏は暑い！　そして、冬は寒い。これが「気温の年較差が大きい」という話の背景知識となるわけです。だからこそ、われわれ日本人は四季を感じながら、絶えず目まぐるしく変化する自然に順応するかたちで生活してきたわけです。

　夏が終わりに近づくと、◀︎4　オホーツク海気団が勢力を強め、小笠原気団との間に秋雨前線を形成します。これが「秋の長雨」をもたらす前線ですね。その後秋雨前線は太平洋側へ抜けていき、秋が訪れます。そして、徐々に寒くなり冬が到来するわけですね。

(◎日本の気候区分)
② 季節区分
　a. 冬 ⇒「西高東低」の気圧配置
　　　　　　↳ シベリア気団

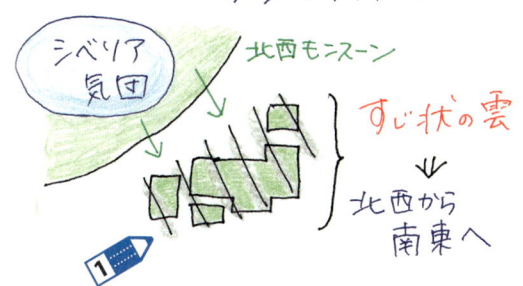

シベリア気団　北西モンスーン
すじ状の雲
↓
北西から南東へ

b. 春
　[冬至 12/21
　　春分 3/23] 立春
　⇒ 立春から暖まり始める
　　↳ これ以降の最初の南風が「春一番」

※ 揚子江気団からの移動性
　高気圧によって三寒四温となる。

揚子江気団　暖

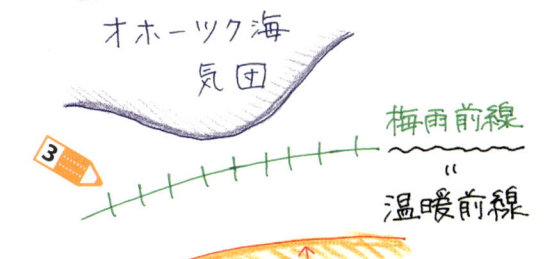

c. 梅雨（6月中〜7月下）
　オホーツク海気団
　梅雨前線 = 温暖前線
　小笠原気団（太平洋高気圧）

　1. 北海道に影響 弱
　2. 梅雨前線は
　　日本海側へ抜けていく
　　　＝ 梅雨明け

d. 秋雨（9月）
　オホーツク海気団
　秋雨前線 = 寒冷前線
　小笠原気団

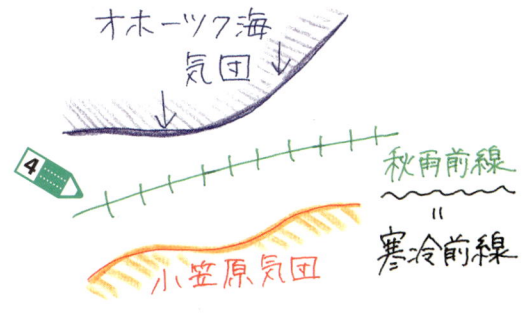

※ 秋雨前線は
　太平洋側へと抜けていく

Column VI ラッシーと羊の群れはヨークシャー地方 そしてペニン山脈と炭坑員のサム

　ハウス名作劇場といえば、世に数々の感動アニメを提供してきた番組でした。なかでも、私のお気に入りだったのが『名犬ラッシー』で、1996年1月から8月まで放送されていました。

　『名犬ラッシー』の舞台となるイギリスの本島はグレートブリテン島で、島の中央部をペニン山脈が南北に走っています。ペニン山脈は古期造山帯で、石炭が多く取れるという特質をもっています。

　首都ロンドンの緯度は北緯51度30分ですが、北大西洋海流がもたらす暖かく湿った大気を偏西風が運んでくるため温帯気候を示します。この湿った空気がペニン山脈にぶつかり強制的に上昇させられるため、西海岸のランカシャー地方は比較的雨の多い地域になります。

　一方、東海岸は山脈の風下側でフェーン現象が生じるため乾いた風が吹き込みます。東海岸のヨークシャー地方は比較的降水量の少ない地域です。このため東西でそれぞれ発達する産業は、「ランカシャー地方＝綿工業、ヨークシャー地方＝羊毛業」などです。綿花は乾燥した地域ではちぎれてしまうという単純な弱点をもっているためヨークシャー地方での発達が難しく、羊毛製品は湿気に弱いということもありランカシャー地方での発達が難しい。

　話を戻しましょう。ラッシーの飼い主のジョン・キャラクローが初めてラッシーと出会ったのは9歳の時。牧場から移動する羊の群れの中に、うずくまっている子犬のコリー犬を見つけるところから物語が始まります。この子犬が後のラッシー。ジョン・キャラクローの暮らす街はグリノール・ブリッジという架空の街。しかし物語を読み解けば、キャラクローとラッシーがイギリスのどこに住んでいるか想像ができます。「羊の群れ」が登場することから、ヨークシャー地方ではないかと想像して調べてみると、やはりグリノール・ブリッジはヨークシャー地方の街という設定。そして、ジョンの父親サム・キャラクローの職業は炭坑で働く事務員。古期造山帯が広がるイギリスだけに、この辺も納得。名犬ラッシーの設定は、とてもリアルです。

　さて、実はこのアニメは最終回が放送されませんでした。1996年8月25日に放送予定であった最終回は、プロ野球中継のため放送が中止され、翌週には次シリーズの名作劇場が放送されたため、結局最終回だけが放送されないままでした。現在では、DVDが発売されていますので、全国のラッシーファンの溜飲が下がったことでしょう(そんなに大げさでもない!?)。

　ところで、ラッシーってメス犬なんですけど、みなさまご存じでしたでしょうか？

Chapter VII

何気ない工夫で
知識は定着します

- **Lecture 40**　人種と民族
- **Lecture 41**　複数の公用語をもつ国　Part 1
- **Lecture 42**　複数の公用語をもつ国　Part 2
- **Lecture 43**　中国の民族
- **Lecture 44**　ヨーロッパの宗教分布
- **Lecture 45**　国籍別外国人登録者

- **Column VII**　イスラム教徒は、なぜ豚肉を食べない？

Lecture 40 人種と民族
一目見て判断できる特徴をもつのはどっち！？

　われわれ日本人は、人種でいうとモンゴロイド（黄色人種）ですが、民族でいうと日本人です。当たり前ですが、**人種と民族は別物であり、分類基準が違います。**

　遺伝的特徴を同じにする人類の集団を人種といいます（◀①）。遺伝的特徴というのは、肌や目の色だったり、毛髪だったり、基本的には一目見て判断できる特徴をもっているということですね。時代とともに、孤立していた世界各地が結びつけられるようになり、人種を超えた結婚も珍しくない時代になりました。ですから、混血が進んで、明確な人種区分は難しいとは思いますけど、**一般的に人種は大きく４つに分類されます。**

　◀②でまとめられているのは、四大人種。「一目見て判断できる特徴をもっている」ことから、女性の顔が描いてあり、これを見て判断しようという試みですね。さすがにここまで描ける人は少ないでしょうし、ここまでの質を求める必要はありませんが、**こういう遊び心が、後で見返したくなるノートを作っていくんですね。**

　◀③ではモンゴロイドの移動について描かれてあります。モンゴロイドがフィン人やマジャール人となったかどうかは異説がありますが……、モンゴロイドは南北アメリカ大陸へ移動したことがわかっています。下の図は1998年センター試験追試験地理Ａで出題された図で、モンゴロイドの移動経路を表したものです。白地図を使って詳細な経路を示すのもよいでしょうけれど、◀③のように**単純に表しても理解が進むものはこれで十分でしょう。**

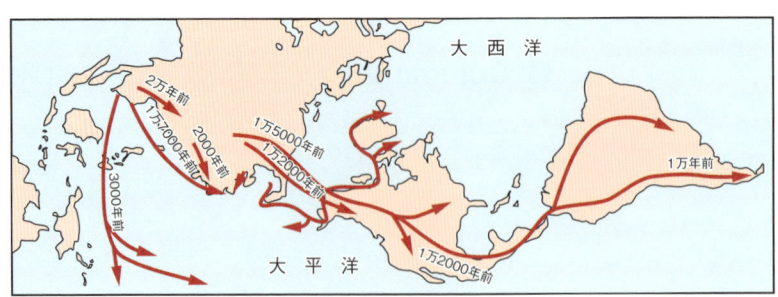

………！？
この左の人はどう見ても、黄色人種ですね。

100　Chapter VII　何気ない工夫で知識は定着します

人種・民族

① 人種 ✏1
遺伝的特徴 を同じにする人類の集団。
└→ 肌の色, 目の色, 毛髪 など

＊四大人種 ✏2

モンゴロイド ⇒ アジア系（黄色）
「こんにちは」

コーカソイド ⇒ ヨーロッパ系（白色）
「Hello!」

ネグロイド ⇒ アフリカ系（黒色）
「Jambo!」

オーストラロイド ⇒ オセアニア系
「Alii♪」

＊モンゴロイドの移動 ✏3

フィン人 ←？— モンゴロイド —→ イヌイット ＝ エスキモー（生肉を食べる）
（フィンランド・エストニア）　　　　　　　　　　＝ ビタミン源

マジャール人 ←？—　　　　　　加 ヌナブト準州で自治 認
（ハンガリー）　　　　　　　　 └→「我々の土地」という意味

　　　　　　　　　　　　　　　ネイティブアメリカン ＝ インディアン

高原文明を築く　　　　　　　　　インディオ ＝ インディヘナ
西語 ← グアテマラ　　　　　　　　　　　　インディオの言語
　が公　ペルー, ボリビア ⇒ アイマラ語, ケチュア語も公

パルカ
パーカー

Lecture 41 複数の公用語をもつ国 Part 1
日本の公用語って日本語？

　日本国中探し歩いても、**わが国の公用語が日本語である**ことに異を唱える人はまずいないと思います。日本人は、日本語で意思の疎通を図っています。しかし、**日本国憲法のどこを読んでも「日本語を公用語とする」とは書いてありません。** 日本人は「言わなくてもわかるでしょ？」といった感覚をもった民族で、主語をよく省略する傾向があるくらいですから、あえて書かれていないのかもしれませんね。

　世界には、複数の言語を公用語に制定している国が数多くあります。 これは国内に複数の民族を抱える、多民族国家だからといえるでしょう。

　■1　スイスは、ドイツ、フランス、イタリア、オーストリア、リヒテンシュタインに囲まれた内陸国で、ドイツ語、フランス語、イタリア語、ロマンシュ語の4言語を公用語とする国。なかでも最も話者数が多いのがドイツ語です。宗教はカトリックとプロテスタントが主に信仰されています。そのため、国民共通の文化というものをもちにくく、国家運営が難しいと考えられますが、**スイス人にとっては、「スイスが永世中立国である」という事実が重要な帰属意識となっている**ようです。

　■2　カナダも複数の公用語をもつ国です。カナダはかつてイギリスの領土でしたが、それ以前はフランスからの入植が多くみられました。1763年にイギリスの支配が確立し、その後、1926年に主権国家となります。1971年、**世界初の多文化主義政策を導入した国**として知られ、**英語とフランス語の両言語が対等な地位をもつ公用語**となっています。

　スイスや■3のベルギーの説明においては、言語分布を色分けしていることから一目瞭然となっていますね。こういうノートづくりが大事です。**丁寧に色を塗る必要はありませんが、負担にならない範囲で見やすくしていきましょう。**

　■4はシンガポールとマレーシアの言語比較です。シンガポールはマレーシアから独立した国ですから、**民族構成は、割合に違いがありますが構成している民族は同じです。** そのため、比較できるように、横に並べてノートを取っています。これは大事ですね。**関係性をもつ話ほど、比較しやすいように並べておくのがよいですね。**

◎ 複数の公用語をもつ国

① スイス
- 公：独語, 仏語, 伊語, ロマンシュ語

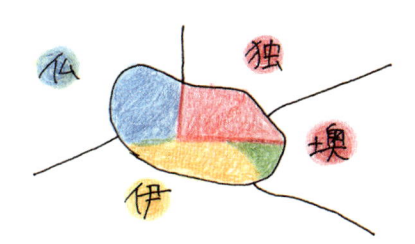

（仏・独・墺・伊の言語分布図）

② カナダ（旧英領）
- 公：仏語, 英語
  - → ケベック州のみが 公
  - 仏系住民 多
- （95年 州民投票 51 独立反対 vs 独立賛成 49）
- ※ ヌナブト準州 ⇒「我々の土地」
  - イヌイットの自治 認
  - → アジア系言語を使用

③ ベルギー
- 公：蘭語, 仏語, 独語

宗教分布：カトリック／プロテスタント
言語分布：蘭／仏／独

★ コンゴ民主の 公
  → フランス語
  旧ベルギー領だから

④ シンガポールとマレーシア ⇒ 旧英領

シンガポール　公用語
- 最多 中国系 ⇒ 中国語
- マレー系 ⇒ マレー語
- 印系タミル人 ⇒ タミル語

① 民族対立の緩和を目指し
　三言語すべてを 公
② 三民族共通の言語として
　英語 も 公
　⇒ 日常生活で広く活用

マレーシア　公用語
- 最多 マレー系 ⇒ マレー語　イスラム教
- 中国系 ⇒ 中国語　仏教・儒教
- タミル人 ⇒ タミル語　ヒンドゥー教

① マハティール首相によって作られた ブミプトラ政策（マレー人優遇）により
　マレー語のみが 公
② 中国系, タミル人の反発 大

Lecture 42 複数の公用語をもつ国 Part 2
旧宗主国の言語が経済発展をもたらした？

複数の公用語をもつ国の続き。

南アフリカ共和国はかつてイギリス領だったこともあって、英語が公用語の一つとなっています。これはこれで丸暗記すればよいとは思いますが、歴史的経緯を追記することで、二度と忘れない知識へと成長します。 **1** の南アフリカ共和国は、もともとはオランダ領でありましたが、南アフリカ戦争を経てイギリス領となった歴史があります。そのためオランダ語を基礎にして成立したゲルマン系言語であるアフリカーンス語も公用語となっているのです。

2 **スリランカは長らく民族対立が続いた国。** 国内の少数民族であるタミル人に対する政策は非常に厳しいもので、シンハリ人との間に深い確執がありました。タミル人は分離独立運動を開始し、1983年から2009年までの26年間、内戦が続きました。**これは宗教の相違が背景にありました。** タミル人はヒンドゥー教を、シンハリ人は上座部仏教をそれぞれ信仰しています。**異なる価値観をもった民族が共存することの難しさを垣間見ることができますね。**

3 **インドは世界でも公用語の多い国として知られています。** ヒンディー語が公用語となっていますが、**全ての国民が話せるわけではありません。** 地方公用語が21言語ありますし、国民同士で意思の疎通が難しい国です。そのため、準公用語となっている英語が国民共通の言語として重用されています。また、英語はコンピューター言語でもありますので、インドでソフトウェア産業が発達する原動力ともなりました。**旧宗主国の言語が経済発展をもたらしたわけです。** ノートには **4** の **こういう遊び心があったほうがいいですね。**

5 **フィリピンはアメリカ合衆国から独立した国で、英語が公用語の一つとなっています。** 民族固有の言語としてフィリピノ語も公用語です。しかし、**20世紀に入るまでフィリピンを統治していたのはスペインです。** そのためスペイン人が伝えたカトリックを信仰する人が多いのも特徴的。アジアの国々で国民の多くがカトリックを信仰しているのは、フィリピンと東ティモール（旧ポルトガル領）くらいで非常に珍しい話でもあります。

① ⑤ 南アフリカ共和国（旧英領）
　　公 英語, アフリカーンス語 etc… 11言語
　　歴史 もともとは オランダ領 であるが、
　　　　南ア戦争により イギリス領 となる
　　　　⇒ 蘭系（ボーア人）, インド系, 混血 多
　　　　　　　　‖
　　　　　　アフリカーナ

② ⑥ スリランカ
　　公 タミル語（北）, シンハリ語（南）

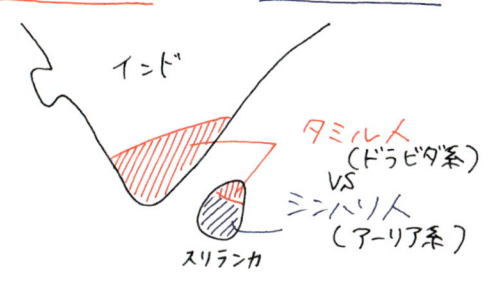

　インド
　タミル人（ドラビダ系）
　　vs
　シンハリ人（アーリア系）
　スリランカ

　〈北部〉
　　少 タミル人
　　　タミル語
　　　ヒンドゥー教
　　vs
　〈南部〉
　　多 シンハリ人
　　　シンハリ語
　　　上座部仏教

③ ⑦ インド（旧英領）
　　公 ヒンディー語 … 45%
　準公 英語 ⇒ ソフトウェア産業が発達する原動力。
　地方公 21言語
　　宗教割合
　　　　　　　　⇒ 中東の経済発展に尽力
　　ヒンドゥー教 … 85%　イスラム教 … 10%
　　⇒ 他にキリスト教, 仏教, シク教 など

④ ターバン　商業の人

⑤ ⑧ フィリピン
　　公 フィリピノ語, 英語
　　　マレー語に近い
　　歴史 もともとは スペイン領 だったが米西戦争により アメリカ領 となった。
　　⇒ 宗教は カトリックが多い
　　　→ 少数のイスラム教徒との間で対立が根深い。

Lecture 43 中国の民族
中国の少数民族を理解しよう！

中国に存在する民族は56民族、**なかでも漢民族は約92%を占め、最大の民族となっています**。このうち5つの民族には自治が認められており、このノートでは、5つの自治区についてまとめられています。

▼中国国内の民族

順	民　　族	人　口	
1	漢民族	125,418万	91.6%
2	チョワン族　(e)	1,618万	1.3%
3	満族	1,068万	0.9%
4	ホイ族　(b)	982万	0.8%
5	ミャオ(モン)族	894万	0.7%
6	ウイグル族　(c)	840万	0.7%
7	トゥチャ族	803万	0.7%
8	イ族	776万	0.6%
9	モンゴル族　(a)	581万	0.5%
10	チベット族　(d)	542万	0.4%

◁1 は5つの自治区の大まかな位置を示したものですが、**さすがに位置が適当すぎますね**（笑）。実際の入試問題は、手書きの地図を使って出題されることはほとんどないわけですから、地図に情報を落とす場合は、なるべく詳細な地図を使う方がよいでしょう。担当の先生が、授業中に白地図を配ってくれることはほとんどないと思いますが、今の時代はインターネットで「ググれば」、いくらでも白地図の画像が見つかりますので、**白地図を自分で用意して積極的に活用してください！**

右の図は詳細な図を使ったものですが、a～eが5つの自治区を表しています。右ページの簡略図と比べてみると、ニンシャホイ族自治区の大きさに違いがあることがわかりますね！　もちろん、自分のノートだから自分さえわかっていれば何ら問題はないと思うけれど、**なるべく詳細な地図を作りあげていくことが視覚的にも記憶に残りやすいと思いますよ。**

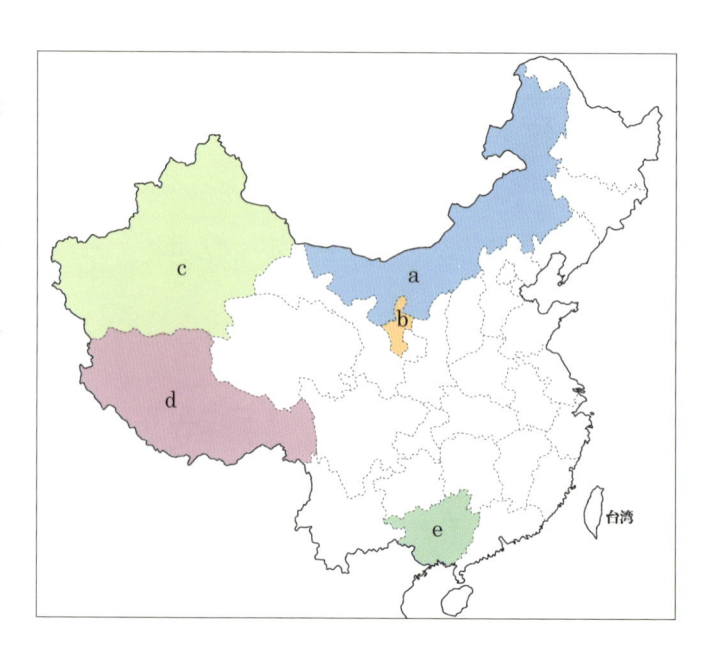

106　Chapter VII　何気ない工夫で知識は定着します

中国

民族 ⇒ 56民族　　漢民族 + 少数民族
　　　　　　　　　92%　　　8%
特に人口の多い少数民族は自治が認められている。

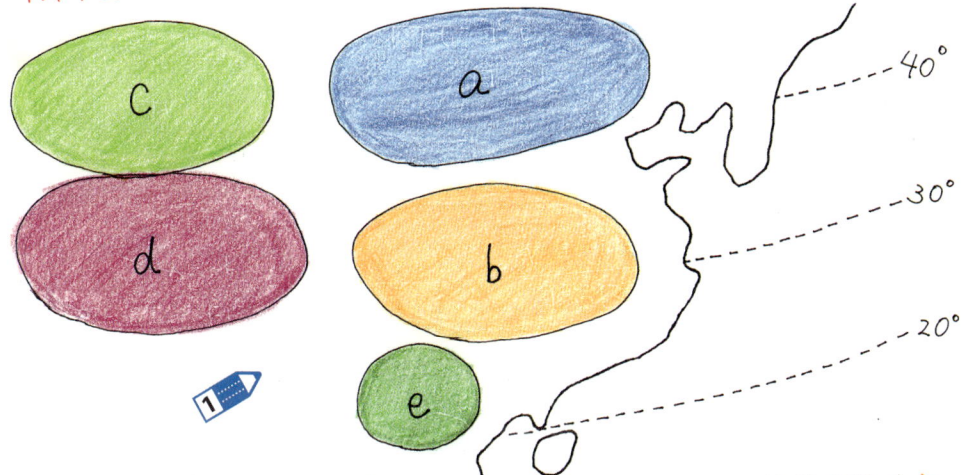

- a. 内モンゴル自治区（フホホト）
  1. モンゴル族（チベット仏教）
  2. 馬・羊の遊牧
  3. パオトウで鉄鋼業が発達
     → アンシャン、ウーハンとともに三大鉄鋼コンビナート
     ⇓
     国内資源に依存

- b. ニンシャホイ族自治区（インチョワン）
  アラブ系ホイ族（イスラム教）

- c. シンシャンウイグル自治区（ウルムチ）
  1. トルコ系ウイグル族（イスラム教）
  2. 羊の遊牧

- d. チベット自治区（ラサ）
  チベット仏教の聖地←

- e. コワンシーチョワン族自治区（ナンニン）
  1. チョワン族（民族宗教）
     → 少数民族中 最多数
  2. 古くからベトナムとの交流 有
  3. コイリン（桂林）は景勝地
     カルスト地形で有名←
     （タワーカルスト）
     カレンフェルト

※ 78年の中国の憲法改正
  ① 経済の開放
     ⇒ 79年より経済特区を建設
  ② 人口の抑制
     ⇒ 79年より「一人っ子政策」を実施

※「一人っ子政策」
  一組の夫婦に子どもを一人に制限する政策
  → 漢民族、チョワン族にのみ適用
  問題点
  ① 無戸籍児童の増加
     「黒孩子」（ヘイハイズ）と称される
  ② 戸籍上 男女比がアンバランスになる
     独身男性 増 → 少子化を後押し
  ③ 急速な少子化が進展
     高齢化問題 著←
  ④ ワガママ児童（「小皇帝」）の増加

Lecture 44 ヨーロッパの宗教分布
地図上で国の位置を確認すること！

　ヨーロッパの宗教は大きく3つに分類されます。ゲルマン系はプロテスタント、ラテン系はカトリック、スラブ系は東方正教を主に信仰していますが、◀1にあるように「○○系」といった分類が言語による民族分類であることを意外と知らない受験生が多いようです。**何気なくわかったつもりになっているようなことを、一つひとつ明らかにしていくことが勉強の基本**ですから、「板書を写して終わり！」ではなくて疑問に思ったことを追記していくことが重要なんです！

　ヨーロッパの宗教については、すべての国を細かく暗記していく前に、大きく3つに分類された宗教を理解する。次に、それに当てはまらない、例外的な民族と宗教の組み合わせをまずは覚えていくことが重要です。

　◀2では、その例外となる主な国の位置がまとめられています。地図を丸く描いただけの簡単なものだけど、なるべくなら詳細な地図を使ったほうがいいですね。でも、ある程度の位置を知るだけならこれでもよいかもしれないですね。**大事なのは、国の名前を覚えるのが目的じゃなくて、その国が白地図上でどこに位置するのかを把握できることなのです。**これは特にセンター試験などで重要となることです。でも、本音を言えば、試験で問われるから覚えるのではなく、みなさんの知的好奇心を満たすために知っておいてほしいということ。例えば、パラオという国がどこにあるのか知りたくない!? タヒチは!? フィジーは!? 知りたくないですか？ **地図帳はみなさんの友達なのです！** どんどん活用してくださいね！

⊙ ヨーロッパの宗教分布

[1]
- ゲルマン系 → プロテスタント
- ラテン系 → カトリック
- スラブ系 → 東方正教

　↳ 言語による分類

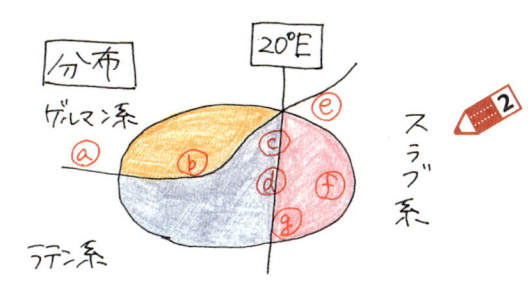

[分布] 20°E
ゲルマン系 / スラブ系 / ラテン系
ⓐ ⓑ ⓒ ⓓ ⓔ ⓕ ⓖ

a. アイルランド (旧英領)
ケルト系 (カトリック)
↳ ケルト系と英語を公に。

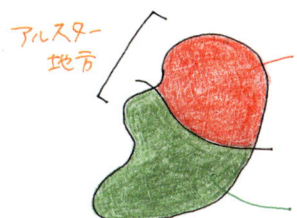

※ 北アイルランド問題 → 宗教問題

アルスター地方
- 英領 (プロテスタント)
　↳ 少数のカトリックが帰属を求める。
- 愛領 (カトリック)

b. オーストリア
→ ゲルマン系 (カトリック)

c. ポーランド、チェコ、スロバキア
→ スラブ系 (カトリック)

d. ハンガリー
アジア系マジャール人 (カトリック)

（セルビア内のヴォイヴォジナ自治州 ⓓ
ルーマニア西部トランシルヴァニア地方
にも多く居住）

e. フィンランド、エストニア
アジア系 (プロテスタント)

f. ルーマニア (Romania)
ラテン系 (東方正教)

g. ボスニア=ヘルツェゴビナ
三つ巴の民族構成
↳ イスラム教徒が最多 (40%)
(ムスリム)

ムスリム人 ┐
クロアチア人 ├ 混在している
セルビア人 ┘

Lecture 44　ヨーロッパの宗教分布

Lecture 45 国籍別外国人登録者
インド人はカレーを作りに来日するのではない！？

　2008年のリーマンショック以降、日本に居住する外国人登録者数は微減が続いていて、特に2011年は、東日本大震災の影響によって外国人登録者数が4万人ほど減りましたが、**依然として200万人以上の外国人登録者がいます**。

　◀①にあるように、現在、**わが国で最大の外国人登録者数をほこるのは中国です**。これは中国人のわが国に対する出稼ぎ熱が高いこと、冷戦が崩壊したこと、1990年代以降の経済発展にともなう留学生や企業の研修生の来日が多くなったことなどが背景にあり、2007年にそれまで最大であった韓国・朝鮮籍を抜いて最多となりました。◀②は中国から日本への流線が太くなっています。こういう地図を流線図といって移動する方向を矢印の向きで、移動する量を矢印の太さで表します。中国から日本への矢印が太くなっていることから、**中国人が多く来日しているという情報が一目瞭然ですね。何気ない工夫ですが、知識の定着にはこうした工夫が必要不可欠です。**

　◀③　韓国・朝鮮籍についてのまとめです。1970年代以降、「漢江（ハンガン）の奇跡」と呼ばれる韓国の急速な経済発展にともなって国内の雇用機会が増え、わが国への出稼ぎ熱が冷めたこと、日本に帰化（日本国籍を取得すること）する者が増えたことなどが、登録者数減少の主な要因です。そして、以下ブラジル、フィリピン、ペルー、アメリカ合衆国と続いていきます。

　近年は、**インド人の来日数が増えているようです**。インド人は何をしに日本へ来るのでしょうか？　カレー屋でも開きますか？　正解はIT産業に従事する人たちが増えているようです。インド最大のインド工科大学は定員4,000名に対して、なんと160,000人もの受験者が集まります。倍率、実に40倍！　この難関を突破したインド人は、全寮制で勉学に勤（いそ）しみ、そこで得た知識を元に世界各地で活躍しているんです。そんなインド人がわが国でも増えているようです。これを読んでいるみなさんは、この過酷な環境下で受験勉強をできるでしょうか。そして合格を勝ち取ったとしても、4年間寮生活を全うできるでしょうか。**こうした環境下で暮らして立身出世を目指すインド人の「鋼の精神力」に、われわれも見習うことが多いのではないでしょうかね。**

◎ 国籍別外国人登録者

1. **中国**
2. **韓国・朝鮮**
3. ブラジル
4. フィリピン
5. ペルー
6. アメリカ

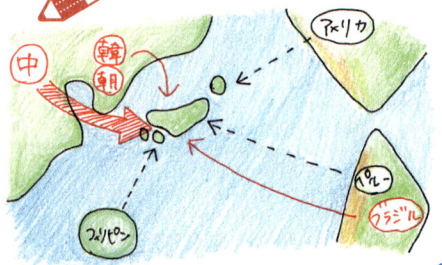

1位：中国 … 増加傾向
- a. 留学生・研修生 多
- b. 日本への出稼ぎ熱 高

2位：韓国・朝鮮 … 減少傾向
- a. 韓国の経済発展により国内の雇用 増（ニューカマー減）
  ⇒ 日本への出稼ぎ熱 冷
- b. 帰化 増
  └ 日本国籍を取得
- c. コリアンタウンにおける少子高齢化の進展

3位：ブラジル　5位：ペルー
… 90年以降、増加傾向

90年「出入国管理法」の改正
（日系人　未熟練労働力に従事）
⇒ この条件下での就労制限が撤廃

背景
製造業、建設業 などで労働力不足
⇒ 低賃金労働者としての外国人労働者に期待
⇒ 愛知、静岡、三重、岐阜などに多く居住。

4位：フィリピン … 増加傾向
最大は エンターテイメント産業 従事者
⇒ フィリピンは海外労働に注力
　GNIの1割は海外からの送金

*08年 日本 はフィリピンと EPA（経済連携協定）を締結
09.4より 看護師・介護福祉士 の候補者の来日 始

（日本は13カ国と締結）

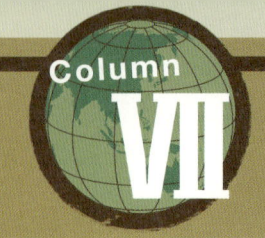

Column VII イスラム教徒は、なぜ豚肉を食べない？

　イスラム教を信仰している民族といえばアラブ人。彼らは、西アジアから北アフリカの高温乾燥地域に居住しています。イスラム教徒のことをムスリムといいますが、ムスリムには、**「豚肉を食べない」、「酒を飲まない」、「賭け事をしない」、「女性は働いてはいけない」**などの制限があります。

　ムスリムの禁酒は近年は緩くなっていて、そうした風紀をただそうとするのがイスラム原理主義者たち。「あの古き良きムハンマドの時代に戻ろうぜ！」といった具合。

　賭け事が禁止であるのは、アラブ首長国連邦のドバイで行われる競馬の祭典、ドバイWCを見れば一目瞭然です。馬券が発売されません。一着賞金600万ドルなのに。いやいや600万ドルといってもオイルダラーの彼らからすればはした金かもしれませんよ。なんといっても、主催者のシェイク・モハメド氏は、2001年の同時多発テロの際には5億円寄付した人ですから。女性の労働禁止は、サウジアラビアで飛行機に乗ればわかります。客室乗務員やホテルのベッドメイキングも男性がやります。

　さて、なぜムスリムは豚肉を食べないのでしょうか？　一応の理由として、「豚は不浄な生き物であるから」ということになっています。果たしてそうなのでしょうか？

　北アフリカから西アジアにかけては、一年中、中緯度高圧帯に覆われるためほとんど雨が降りません。ということは、**木は育ちません。**草も短草が精一杯。しかも、西アジアとアフリカ大陸は一部の例外を除いて、ほとんどが安定陸塊。安定陸塊ですから鉄鉱石ですね。

　「あれ？　西アジアは石油がたくさん採れるんじゃないの？」と思ったそこのあなた！　たしかにそうなのですが、石油は新期造山帯で主に採れるため、油田はペルシア湾岸に集中していますよね。それ以前に**イスラム教が成立した7世紀には鉱産資源の利用などしていなかったわけです。**

　豚肉ってどうやって食べますか？　もうおわかりでしょう？　そうです、ムスリムは豚肉を食べないのではなくて、きっと食べられなかったのです。「豚肉を食べたい」→「焼かないといけないがエネルギーがない」→「木を燃やそうにも高温乾燥地域で木などほとんどない」→**「貴重なエネルギーだから、豚を食べるために使うのはもったいない！」**→「じゃぁ、豚肉は食べない」ということではないでしょうか。

　あくまで、私の想像の域を出ませんが、「豚は不浄な生き物」というのはきっと後出しジャンケンなのではないでしょうかね。

Chapter VIII

ノートは自分のために
手間暇をかけるものです

- **Lecture 46**　沖積平野　Part 1
- **Lecture 47**　沖積平野　Part 2
- **Lecture 48**　沖積平野　Part 3
- **Lecture 49**　洪積台地
- **Lecture 50**　サンゴ礁
- **Lecture 51**　海岸地形　Part 1
- **Lecture 52**　海岸地形　Part 2

- **Column VIII**　宗教ってどういうもの？

Lecture 46 沖積平野 Part 1
扇状地はなぜ形成される?

　河川や海洋がもたらす堆積によって形成された平野を堆積平野といいます。堆積平野のなかでも特に沖積平野は入試頻出の地形で、上流から扇状地、氾濫原、三角州と並びます。◁1には河川が海まで流れていく断面図が描かれています。

　河川というのは、山地などの急斜面を流れるときに急流となり、侵食力が強く、堆積力が弱くなりますが、平地に出ると緩斜面を流れ緩流となり、侵食力が弱く、堆積力が強くなります。そのため山地と平地の境界に堆積地形が形成されます。これが扇状地。

　扇状地は、まさに扇状の堆積地形で、山地から平地に出る谷の出口、いわゆる谷口に形成された地形です。そのため、右の地形図などで確認すると、等高線が同心円状になっているのがわかります。沖積平野のような小地形は地形図で表現することができることから、**地形図でどのように表現されるかをつねに意識して勉強することが大事です**。◁2は何気ないメモですが、ゆくゆくはこれがものすごく重要な意味を持ってきます。

▲国土地理院（海津）より

　◁3と◁4にはそれぞれ扇頂、扇央について書かれています。それぞれ水利に恵まれるのか恵まれないのかが根本的な違いですが、それを単純に言葉で記憶に残すよりは、◁1のように図示しておくことですんなり理解できますね。扇状地は砂礫質の厚い堆積地形ですから、透水性が高く、一番厚く堆積した扇央では河川が伏流します。そのため、水利に恵まれない乏水地であることから桑畑（ Y ）や果樹園（ ○ ）、畑地（ ∨ ）などの土地利用がみられるわけです。

◎沖積平野

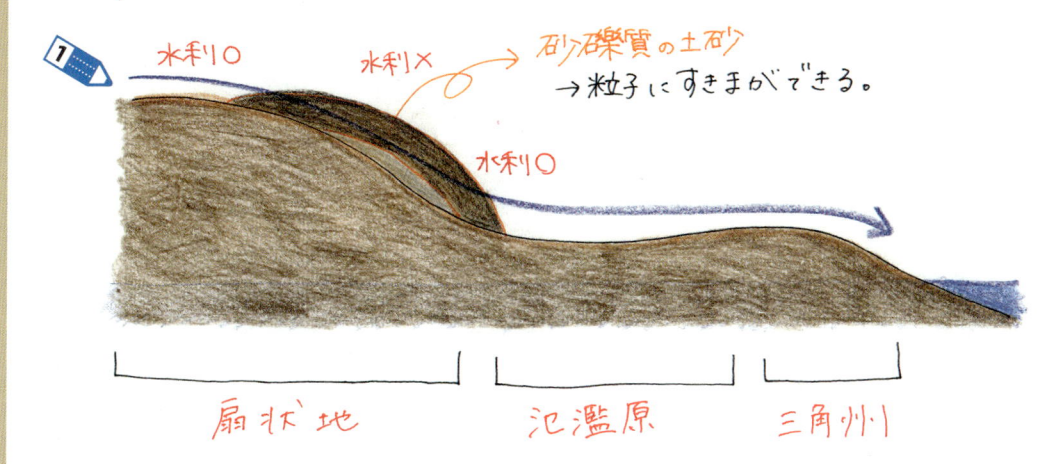

水河川は
- 急流 ⇒ 侵 強い　堆 弱い
- 緩流 ⇒ 侵 弱い　堆 強い　となる。

【1】
- 水利〇
- 水利✕ → 砂礫質の土砂 → 粒子にすきまができる。
- 水利〇

|扇状地|氾濫原|三角州|

①扇状地
└ 等高線が同心円状【2】

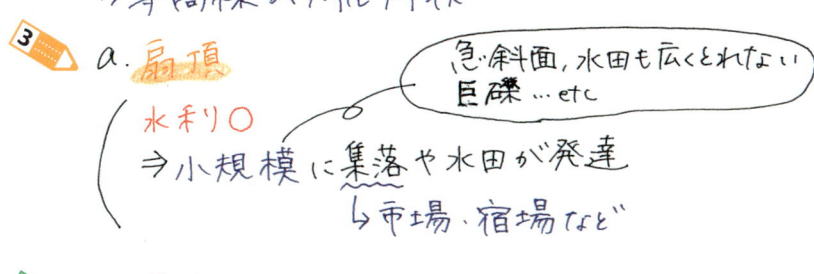

【3】a. 扇頂
- 水利〇（急斜面、水田も広くとれない 巨礫…etc）
⇒ 小規模に集落や水田が発達
　└ 市場、宿場など

【4】b. 扇央
- 水利✕（河川が伏流）
⇒ 桑畑(Y) 果樹園(○) 畑地(ⅴⅴ)など

※桑畑と果樹園
- 桑畑 … 合成繊維の台頭により養蚕業は衰退
  → 桑畑も減少
- 果樹園 … モータリゼーションの進展により
  大都市の近郊農家としての性格(有)
  ex) 東京近郊の山梨県甲州市(旧勝沼町)

Lecture 47 沖積平野 Part 2
扇状地の様子を「一目瞭然」にしてしまう！

　扇状地は、上流側から扇頂、扇央、扇端と並びます。表流していた河川は、厚く堆積した砂礫層を伏流していきますが、扇端付近は堆積層が薄く、伏流していた河川が湧水するため、扇端は水利に恵まれたところとなるわけです。

　◀1 扇端は水利に恵まれ、緩斜面で地形が広いことから、**大規模な集落や水田が発達しました。そもそも古くから人々が集まるところは、「水利に恵まれる」、「日当たりが良い」などの自然的条件が重要であることは間違いありません。**現在のように上下水道が整備されていれば、基本的にほとんどの地域が「水利に恵まれる」地域となりますが、上下水道が整備されていない古い時代においては、「水利に恵まれる」という条件がいかに重要だったかがわかります。「JR新宿駅から徒歩5分、32階建てマンションの30階、間取りは8LDKで家賃は500円」という破格の物件があったとしても、「**水が出ない**」物件だったら住みたいとは思いませんね。

　扇端では水利に恵まれるところが何か所かあって、そこに集落が発達しました。その発達した集落を外観すると列状に展開しているため、**扇端では列村が発達することになります**（◀2）。古くから発達した集落であり、**科学が発達していなかった時代においては、「宗教的知見」が支配的でした。**「神頼み」などがまさしくそうで、古くから発達した集落においては、神社（ 日 ）や寺院（ 卍 ）、墓地（ ⊥ ）などの地図記号が散見されることがあります（◀3）。

　扇状地の成り立ちを図示したのが◀4です。河川侵食によって深いV字谷を形成し、谷の出口を頂点とした扇状の地形が形成されました。水利に恵まれるのは扇頂と扇端、逆に恵まれない乏水地は扇央という背景から、土地利用の様子がわかるようにしてあります。伏流する扇央では、河川が破線で描かれているところがポイントですね。また、扇頂付近から分流して網状流を形成し、湧水がみられる扇端地域においては、湧水地に集落が形成され、列村となっている様子もわかりますね。文字で知識を追うこともよいですが、**やはり視覚的に捉えることが記憶の定着には重要な要素だと思います。**

116　Chapter VIII　ノートは自分のために手間暇をかけるものです

C. 扇端
　水利○（河川が湧水）　✏️1
　　　⇒ 大規模な集落、水田が発達　✏️2
　　　　┗河川に沿って列状（列村）
　広い水田　　　古くから発達
　緩斜面　　✏️3 ⇒ 神社（⛩）、寺院（卍）
　　　　　　　　墓地（⊥）で判断

> Q. 日本の三角州の規模はなぜ小さい？
> → 国度の2/3が山地と山がちで、平野部が狭いため。

水模式図　✏️4

1.

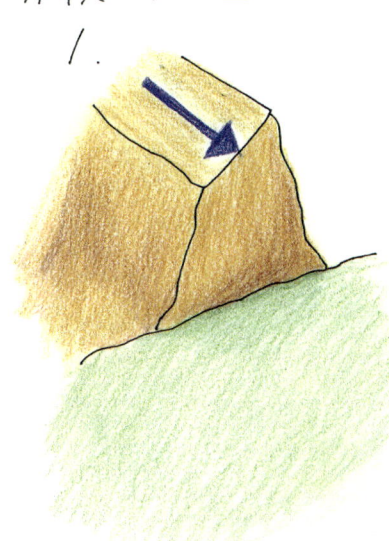

2.
　扇頂→　　　同心円状
　扇央→
　扇端→　　　網状流

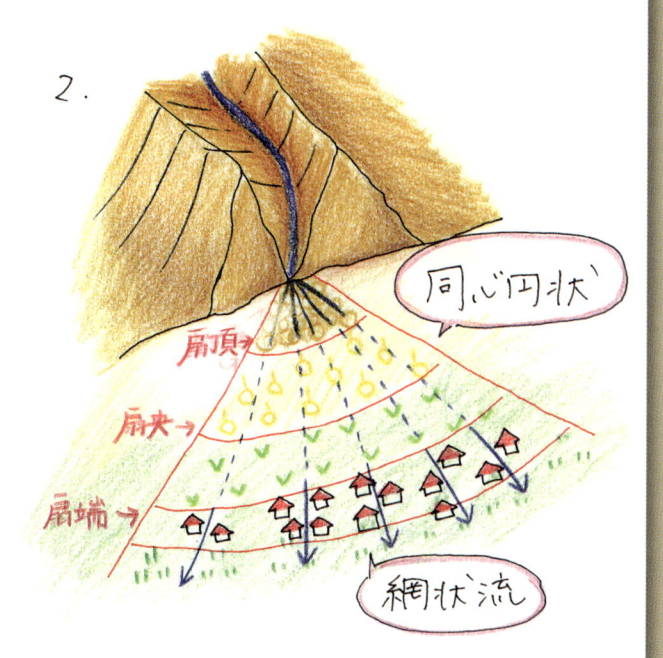

Lecture 48 沖積平野 Part 3
氾濫原は河川が氾濫するところ！？

　扇状地を抜けた河川は、氾濫原を形成します。氾濫原が形成されるところは平地で、ここを流れる河川は、少しの傾きを見つけては流路を変え、蛇行するようになります（◁1）。その姿はまるで「蛇」のよう。しかし短期集中的な降雨がみられると洪水が起こり、河川の流量が急増してしまうことで、蛇行する河川は流路を短絡してしまいます（◁2）。いわゆるショートカットですね。◁3　その後、短絡して形成された河川はそのまま流路として固定され、旧流路（河道）は蛇行した河川の形のまま湖として取り残されます。こうして形成された湖は、三日月湖や河跡湖などと呼ばれます。

▲蛇行する長良川　　（撮影：著者）

　さて、氾濫原は洪水が頻発するところとして知られています。◁4　**洪水のさいに、河川は周辺に土砂をはじき飛ばして堆積させ、長い間の堆積によって数mの微高地が形成されます。**これが自然堤防と呼ばれる微高地で、数m規模の微高地なので等高線では表現できません。主曲線は1／25,000で10mごとに、1／50,000で20mごとに記入されていますし、補助曲線を利用しても表現できないことがあります。自然堤防は、**微高地であることから河川水を利用した灌漑農業には不向きです。**◁5　そのため畑地（∨）や果樹園（○）などの土地利用がみられ、**自然堤防上には列状に集落が発達します。**洪水が頻発する地域でしたので、集落は洪水の避難地としての意味合いもありました。

　自然堤防が形成されていない背後の湿地帯は後背湿地と呼ばれ、**水利に恵まれ広く水田耕作が行われるところです。**その様子を描いたのが◁6です。河川が蛇行し、河川にそって自然堤防が、その背後に後背湿地がそれぞれ形成される様子が描かれています。

　これだけ詳細に図示できれば、知識の定着は容易ですが、**詳細に描くことが目的なのではなく、自分でわかる範囲で視覚的に表現することが重要なのです。**

② 氾濫原

1.　　　2. 洪水時　　　3.

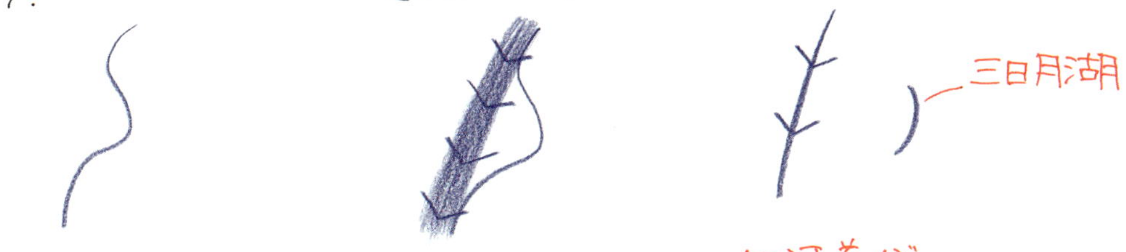

河川が短絡　　(旧河道が
三日月湖となる)

三日月湖

////… 自然堤防

1. 数mの微高地
　土地利用の違いで判断

2. 水利△
→ 果樹園、畑や集落(列村)
　洪水の避難地

後背湿地
(水利〇
→ 水田が発達)

※経年変化

1.　　　2.　　　3.
　　　　　　　　　自然堤防
　　　　　　　　　後背湿地

③ 三角州 (デルタ)
　河川の下流域に形成 ⇒ 保水性が良く 水利〇
　　　　　　　　　　↳ 砂、泥が堆積
⇒ モンスーンアジアの大河川の下流域は例外なく三角州が形成

※土地利用
　モンスーンアジア ⇒ 水田 (世界の90%を生産)
　ヨーロッパ ⇒ 牧場

Lecture 49 洪積台地
過程を大事に！

◁1　洪積台地は、**洪積世に形成された地形が、海水準の低下（離水）によって陸地が隆起し台地となった地形のことです。**洪積世はかつての呼び名で、現在は更新世（約260万年～1万年前）と呼ばれています。この頃の地球は、氷期と間氷期が交互にくり返された時代でした。そのため海水準が変動し、洪積台地が形成されていきました。台地ですから、**地下水位が深く水利に恵まれない乏水地であることがほとんどで、稲作に向かないところでもあります**（◁2）。

◁3　は河岸段丘が形成される過程です。離水によって台地が形成されると、侵食力を増した河川は深く刻みながらＶ字谷をつくりますが、その後に沈水が起こると河川は傾斜の多くを失い、侵食力が弱まって堆積力が増すので、この堆積によって谷底平野が形成されます。氷期と間氷期がくり返された時代ですから、再び離水が起こると地下水位が深くなり、侵食の復活（＝回春）がみられます。すると河川は再び深くＶ字谷を形成していきますので、**取り残された地形は平坦面として残ります。**

　この平坦面のことを段丘面といって、**段丘面と段丘面との間に段丘崖が形成されます。**段丘面は地下水位が深いため、水利には恵まれない乏水地ですので、河川の近くであれば灌漑を行うことも可能でしょうけれど、**河川から離れるほど畑地や果樹園などに利用されます**（◁4）。それを地形図から読み取る入試問題がありますので、**地形図記号を記して知識の定着を図りましょう。**◁5の段丘面は、河川から離れれば離れるほど成立時期が古く、近づくほど成立時期が新しくなります。

　◁6　の海岸段丘は河岸段丘と同じで離水作用によって形成されます。いわゆる離水海岸ですね。離水によって、海岸線付近に段丘崖が発達します。◁7では海岸段丘が地形図でどのように表現されるのかを断面図とセットで記してあります。**記号などを使って対応させています**ので、段丘面と段丘崖がみられるところが明確になっていますね。

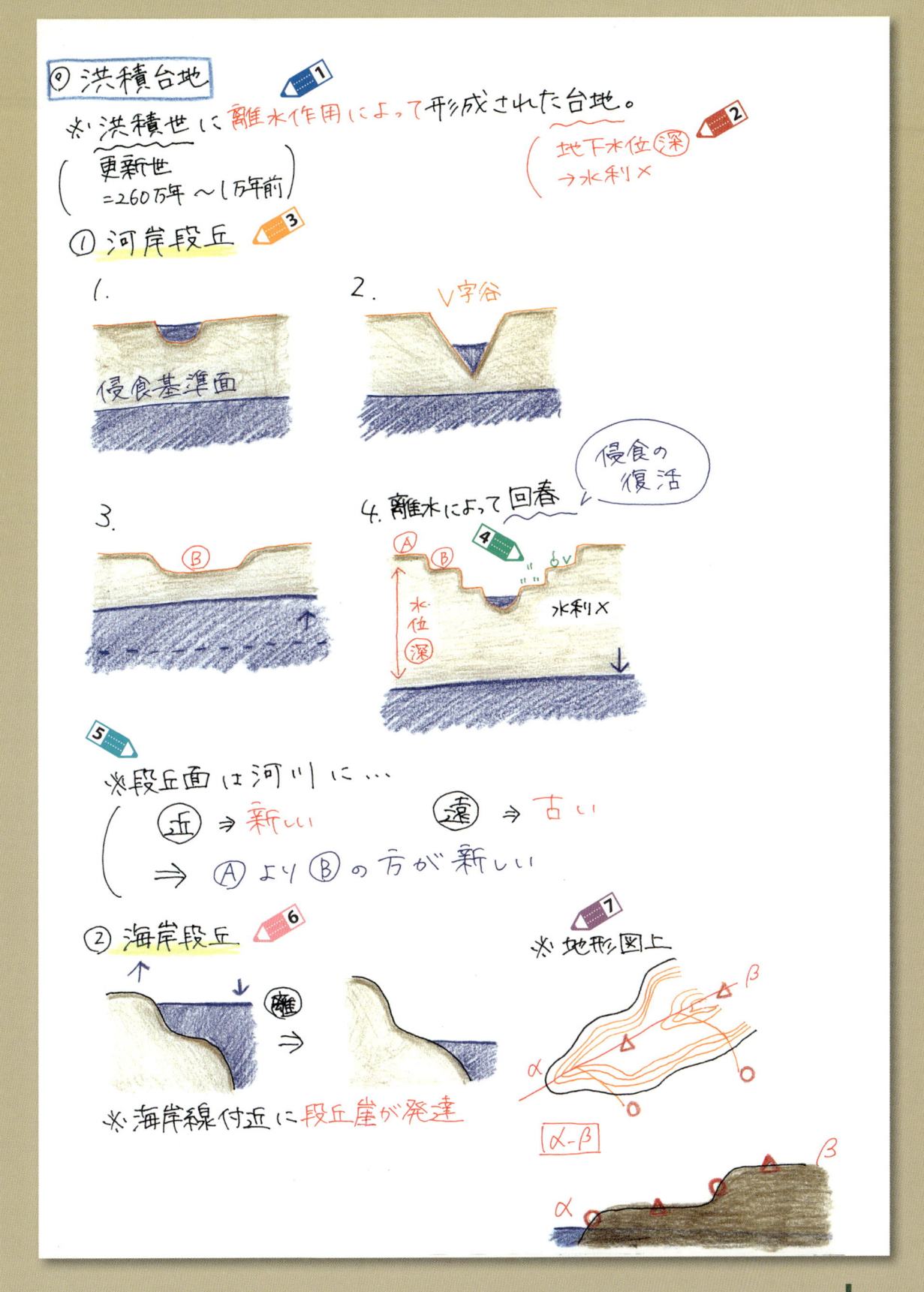

◉ 洪積台地

※ 洪積世に 離水作用 によって形成された台地。
（更新世 = 260万年～1万年前）

地下水位 深
→ 水利 ×

① 河岸段丘

1. 侵食基準面
2. V字谷
3.
4. 離水によって回春 —— 侵食の復活
   水位 深 水利 ×

※ 段丘面は河川に…
（近 ⇒ 新しい　　遠 ⇒ 古い）
⇒ Ⓐより Ⓑの方が新しい

② 海岸段丘

離 ⇒

※ 海岸線付近に 段丘崖が発達

※ 地形図上
α-β

Lecture 50 サンゴ礁
見ると聞くでは大違い！

　私は趣味でダイビングをしますが、海中で見るサンゴ礁は非常に綺麗です。海中に漏れてくる太陽の光に照らされて、それはそれは綺麗です。下の写真は、**パラオ**という国でダイビングをしたときに海中で撮影したサンゴ礁です。幻想的で非常に心が洗われます。**見ると聞くでは大違い！**　私に触発されてダイビングを始めた教え子たちが結構いまして、最近ではすっかりダイビング仲間となっています（笑）。**ぜひ、みなさんも海中の世界を体験してみてください。**って、話がだいぶそれてしまいましたが、**サンゴ礁というのは、石灰岩質の岩礁のことをいいます。**

▲パラオのサンゴ礁　　　　（撮影：著者）

　◁1　サンゴ礁が形成されるには、水温が高いこと、水深が浅いこと、清澄な海域という3つの条件が必要です。「水温が高い」というのは最低18℃以上、適温は25〜30℃だといわれています。ダイビングをするときは、一本潜るごとに「ログブック」といって、ダイビングの詳細を記録します。ログブックで確認すると、写真を撮影したときの気温は30℃、水温は28.5℃でした。水深は22.1mです。工場排水などが流れ込む海域ではありませんし、**善良なる観光客が、ルールに則ってダイビングを楽しむ海域**ですので、透明度が高く綺麗な海域です。まさしくサンゴ礁が形成される条件が整っていますね。

　◁2　サンゴ礁は、形態によって名称が異なります。島嶼に張りつく形でみられるのが裾礁です。その後、島嶼が沈水することによってサンゴ礁も沈んでしまいますが、さらに成長することで島嶼から少し沖合にサンゴ礁がみられるようになります。これが堡礁（バリアリーフ）と呼ばれるもので、オーストラリアのグレートバリアリーフが世界的に有名です。

　◁3　グレートバリアリーフはオーストラリア大陸の北東側に存在します。オーストラリア大陸の中央部を南回帰線が通過しますので、この緯線より北側は基本的に熱帯が展開します。また、大陸の東岸は暖流（赤色の矢印）が流れていますので、この二つの要因から「水温が高い」という条件が満たされます。だから、オーストラリア大陸の北東側に存在するんですね。**この因果関係を文字で追うだけでなく、このように図示することが大事であるのは、もう言うまでもありませんね。**

Chapter VIII　ノートは自分のために手間暇をかけるものです

◎サンゴ礁

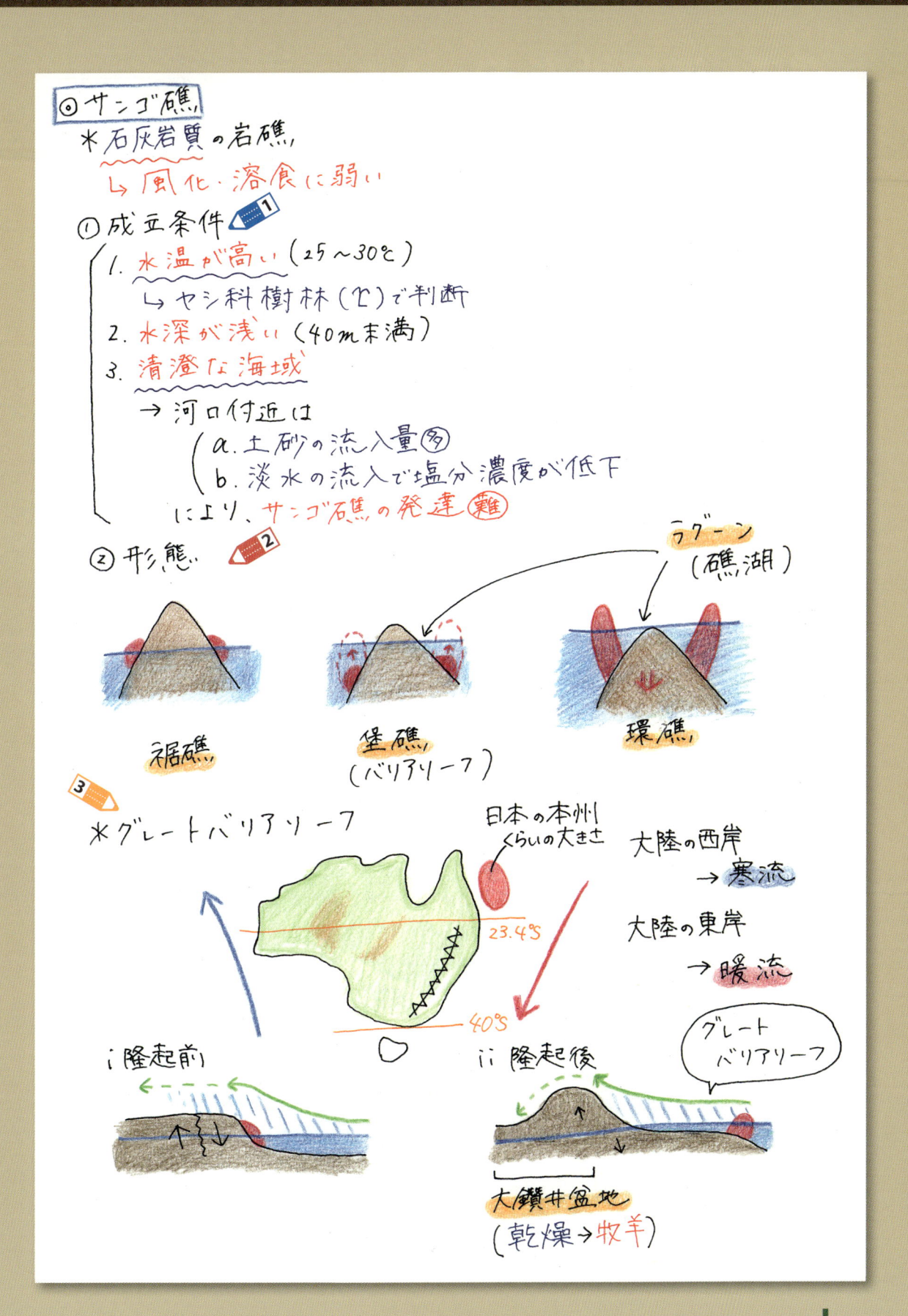

＊石灰岩質の岩礁
　↳ 風化・溶食に弱い

① 成立条件 ✏️1
　1. 水温が高い（25〜30℃）
　　↳ ヤシ科樹林（℃）で判断
　2. 水深が浅い（40m未満）
　3. 清澄な海域
　　→ 河口付近は
　　　　a. 土砂の流入量 多
　　　　b. 淡水の流入で塩分濃度が低下
　　により、サンゴ礁の発達 難

② 形態 ✏️2

　　　　　　　　　　　　　　　ラグーン
　　　　　　　　　　　　　　　（礁湖）

　　裾礁　　　堡礁　　　　環礁
　　　　　　（バリアリーフ）

✏️3
＊グレートバリアリーフ

日本の本州くらいの大きさ

大陸の西岸
　→ 寒流

大陸の東岸
　→ 暖流

23.4°S
40°S

グレートバリアリーフ

ⅰ 隆起前　　　　　　　ⅱ 隆起後

大鑽井盆地
（乾燥 → 牧羊）

Lecture 50　サンゴ礁　123

Lecture 51 海岸地形 Part 1
リアス式海岸の特徴って何？

　海岸地形は、離水海岸と沈水海岸の2つに分類されます。
　◀1　離水海岸は「陸地が隆起するか、もしくは海水準が低下する」ことによって形成された海岸のことで、単調で出入りの少ない海岸線となります。離水海岸の代表例としては、海岸段丘や海岸平野などが知られています。
　◀2　一方の沈水海岸は「陸地が沈降するか、海水準が上昇する」ことによって形成された海岸のことで、複雑で出入りの多い海岸線となります。特に「陸地が沈降する」ことによって形成された海岸を沈降海岸といって区別することがありますが、基本的には沈水海岸に統一されます。沈水海岸の代表例はリアス式海岸やダルマチア式海岸、フィヨルド、エスチュアリー（三角江）です。

　◀3　リアス式海岸は、複数の入り江をもつ海岸で、「ria（入り江）＋s」が語源です。複数の入り江をもつのは、V字谷が沈水して形成されたからであり、V字谷を挟んで存在した壮年期山地が半島として残り、V字谷が溺れ谷となって入り江を形成しました。
　◀4　そのため、海岸線はノコギリの歯のような形（鋸歯状）を示しています。イラストがよく描けていますね。「2.海岸線が鋸歯状」という項目の補足ですが、このイラストがあることで理解が深まりますね。**「わかりにくい項目は視覚的に捉える！」が基本です。**

　◀5　リアス式海岸は、山地が海岸線付近まで迫っているため、広大な平野をもつことがないため、社会資本整備が困難で交通網が脆弱です。そのため大都市の形成が難しいとされています。実際に◀6の分布に登場する地域では、大都市の形成がみられません。そのため、産業の中心が第一・二次産業で、第三次産業があまり発達していないことが特徴的です。溺れ谷となったところは水深が深く波静かなため養殖業などが行われていますが、入り江の奥に進むにつれて浅く狭くなるため、津波が高くなりやすく、被害が拡大しやすい傾向があります（東日本大震災の津波による被害が、この例です）。

　◀6にまとめられているリアス式海岸の分布ですが、白地図に情報を落としてもよいでしょうけど、**これだけ狭い範囲であれば手書きの地図でも十分わかりやすく描けるのではないでしょうか。**朝鮮半島についての論述問題のポイントをメモってありますね。みなさんも、こういうどん欲な知識の習得が思考力を身につけ、学力の向上につながると信じて勉強してくださいね！

◎ 海岸地形

① 離水海岸　✏1　　　　② 沈水海岸　✏2

- 陸 **隆起**　　　　　　　- 陸 **沈降**
- 海 **低下**　　　　　　　- 海 **上昇**

＊海岸線は**単調**　　　　＊海岸線は**複雑**
　（出入り 少）　　　　　　（出入り 多）

a. リアス式海岸　✏3
　→ ria + S　（複数の入り江）　✏4
　　（入り江）（複数）

1. **V字谷**が沈水
　→ 壮年期山地
2. 海岸線が**鋸歯状**
　┌ 山地 → 半島
　└ 谷 → おぼれ谷
　　　　　（入り江）

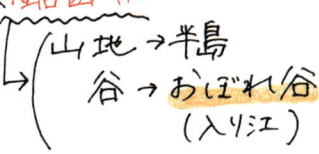

→ 沈

3. **後背地 狭**　✏5
　（海岸線付近まで山地がせまる
　 ⇒ 大都市の形成 難）

＊分布　✏6

1. イベリア半島
　- リアスバハス海岸
　- ピレネー山脈

2. 朝鮮半島
　A: 遼東半島（リヤオトン） 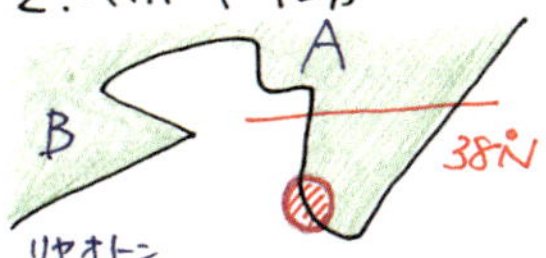
　B: 山東半島（シャントン）
　38°N

3. 日本
　- 若狭湾
　- 三陸海岸
　- 志摩半島

Q. 輸出地区はなぜ東岸か。
→ 西にはリアス式海岸があるから。（奥地まで船が入れない）

＊津波に弱い？（**論述**できかれる！）Check!
→ 徐々に狭まるから波が高くなっていく。被害 大

Lecture 52 海岸地形 Part 2
ノートは自分のために手間をかけるべし！

沈水海岸には、リアス式海岸のほかにフィヨルドとエスチュアリーがあります。

◁1 フィヨルドはU字谷が沈水して形成された海岸です。U字谷とは、別名、氷食谷（ひょうしょくこく）といわれる地形のことで、氷食がみられるほど寒冷な高緯度地域に顕著です。なかでも西海岸地域で多くみられるのが特徴的です。これは、偏西風帯では西海岸地域は風上側となって降水量が多く、それを素に氷河が形成され、地球が温暖化すると、この氷河が地面を深く侵食しながら海へと進出していくためです。ですから、偏西風の影響が強い西海岸地域で多くみられるのです（◁2）。貿易風が吹くような緯度帯はほとんどが熱帯地域だから、氷河が形成されませんでした。

アルファベットの「U」の形に谷が形成され、それが沈水することでフィヨルドが形成されるので、両側が断崖絶壁になっていることが多い（◁3）。フィヨルドは観光資源として利用されるだけでなく、この水の落下エネルギーを利用して水力発電が行われることがあります。国内の総発電量のうち水力発電量の占める割合が大きい国として、ノルウェー、カナダ、ニュージーランド、ブラジル、アイスランド、ベネズエラなどが有名です。◁4のように「ノルウェーから、ブラジルとベネズエラにアイスがニュー・カ（入荷）」という覚え方をメモっていますね。こういう一つひとつの手間を省かずにノートを取りましょう！

エスチュアリーは、別名、三角江といって、河川の河口付近に三角形の形をした大規模な入り江が発達します。これは河川の土砂の運搬量が少ないため、堆積より沈水の方が早く起こり陸地が海面下に沈んでしまうことで形成されます。なぜ土砂の運搬量が少ないのでしょうか？　それは侵食力が弱いからにほかなりません。侵食力が弱いということは、河床勾配が緩やかなはずですので、それは上流に新期造山帯をもたない河川ということになります。◁5はその因果関係を、矢印を使って追っていますので、これで文字数を少なく完結に板書をまとめることができますね。河床勾配が緩やかですから、周辺の土地は起伏の緩やかな平野部が広がるはずです。広大な平野が広がれば社会資本整備が容易となりますので、交通網が発達します。人々の往来がみられるようになり、経済活動が活発化しますから、大都市が形成されやすくなるわけですね（◁6）。

b. フィヨルド

1. U字谷が沈水
   氷河 ⇒ U字谷 ⇒(沈) フィヨルド

2. 両側が断崖絶壁
   └ 水の落下エネルギーの利用(可)
     ⇒ 水力発電が発達
   ＊水力発電比の高い国
   ノルウェー, カナダ, NZ, ブラジル etc

   （ノルウェーからブラジルとベネズエラにアイスが ニューカ (入荷)）

＊分布 ⇒ 西岸に分布
   1. スカンジナビア半島　　2. 南米　　3. NZ半島
   (偏)　　　　　　　　　　(偏) ―0°　　(偏) ―40°S

Q. ノルウェーの原油輸出が多いのはなぜ？
  → 生産が多く、消費が少ないから。
    └ 人口 500万人 (⇔ 日本 12700万人)
      水力発電比率(高)
  → だから裕福でEUに入りたがらない。

c. エスチュアリー (三角江)
  → 上流に新期造山帯を持たない河川の河口に発達

1. (低)
   土砂がない
   → 堆積しない
   → 川がゆるやか
   → 新期造山帯
   下流域は土砂の運搬量(少)

2. 後背地(広)
   緩流
   → 大都市が形成されやすい
   大きな船が奥までいける

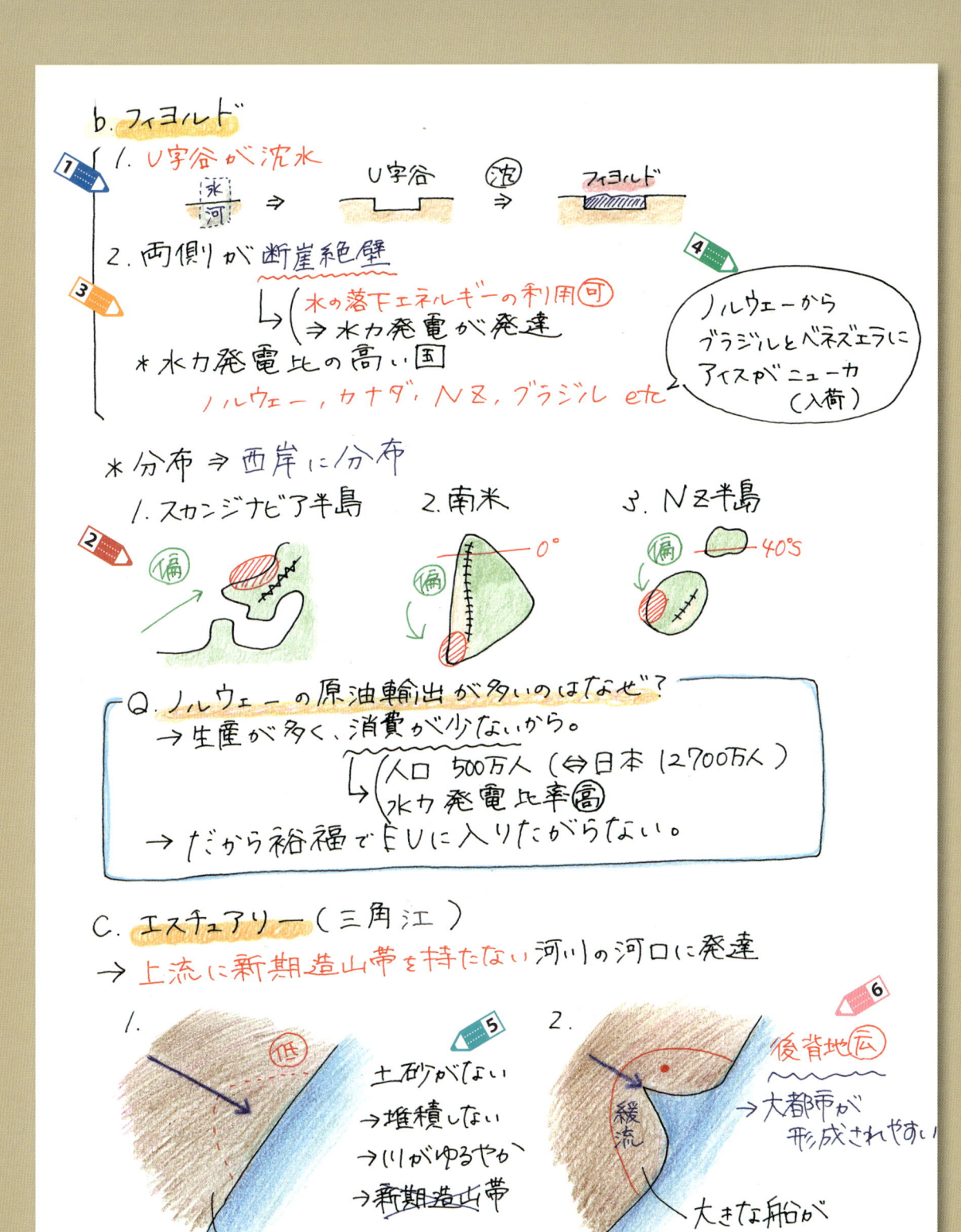

Column VIII 宗教ってどういうもの？

「宗教」とはいったい何なのでしょうか？

　大学時代に受けた講義の一つに「人類学」という授業がありました。これは**「出席を取らない。さらに非常に単位が取りやすい」**という理由から、毎年多くの受講生がいるという卒業には欠かせない講義の一つ。普段はガラガラの教室なのに、テストのときだけやけに人口密度が急増。熱気ムンムンでございます。ヒマだったので（そもそもこの時点で間違っている）、その「人類学」という授業に、たまたま出席したときのこと。

　教授　「みなさん、宗教とはいったいどんなものだと思いますか？」

　日頃から宗教に関して全く考えたこともなく、いや考えたこともないというよりは自分には無関係なものであると考えていたため、この問いに全くといっていいほど「答え」を見出せませんでした。というより、昔から宗教がもとで戦争へと発展してきた歴史もあり、「宗教は何かにすがりたい弱い人間の信仰するもの」という侮蔑的な印象さえもっていました。　すみません…。
　宗教とはいったい何か？　その教授は、学生に問うた後こう言いました。

　教授　「宗教とは、『これをしなければ気持ちの悪いもの』なんです」

　この言葉には度肝を抜かれました。ようするに宗教は理屈ではない。そこには論理もない。**無性にどうしてもしたくなる気持ち**。これが宗教だというのです。例えば、「夜にツメを切らない」などがそうでしょう。夜にツメを切ってしまうと、「ホントに親の死に目に会えないのではないか？」などと心が不安になってしまう。だから、どうしても夜にツメを切ることが気持ち悪くてしようがない。「夜にツメを切らない」、「北枕にして寝ない」、「ご飯に箸を立てない」などなど、**日本人が日頃からやらないことは多くありますが、決して「やってはいけない」というものではありません。**「やってしまうと気持ちが悪いもの」なのです。これは言ってしまえば、その民族特有の文化以外の何ものでもありませんね。**相手を知ることで自分との違いを知ることができる**。自国の文化を知るということは、こういう手法においても理解が深まるのです。
　日本人は宗教に関して無知なのではありません。自分でも知らないうちに咀嚼し自分のものにしているだけであり、**決して宗教とは別次元で生きているわけではないのです。**

Chapter IX

ノートは「一目瞭然」が重要です

- **Lecture 53** 都市構造と地域分化　Part 1
- **Lecture 54** 都市構造と地域分化　Part 2
- **Lecture 55** 都市構造と地域分化　Part 3
- **Lecture 56** 都市構造と地域分化　Part 4
- **Lecture 57** コナベーションとメガロポリス
- **Lecture 58** 都市型水害
- **Lecture 59** 途上国の都市問題

- **Column IX** なぜアメリカ合衆国はわが国から「地理」を取り上げたのか？

Lecture 53 都市構造と地域分化 Part 1
都市構造をどうやって理解するか！

　都市というものは、**内部が分化し、互いに影響し合い、ときに補い合いながら形成されています。**そんな都市内部の構造について法則性を見出そうとした地理学者がいました。同心円構造を提唱したバージェス、扇形構造を提唱したホイト、多核心構造を提唱したハリスとウルマンなどがよく知られていますね。

　◀︎1 に描かれているバージェスの同心円構造は、主著『都市の成長』の中で発表した学説で、**都市は中央部に中心業務地区（C.B.D.）が発達し、放射状に都市が拡大するとしました。**しかし、この学説が当てはまらない都市が多かったこともまた事実なんです。

　中心部になるほど地価が高くなることから、最も外側、いわゆる中心部からもっとも離れたところに、中心業務地区で働く労働者が住む住宅地区（通勤者地帯）が形成されます。
　その後、都市は公共交通機関の延長によって拡大していくこととなりますが、「その後…」と題して、その様子が◀︎2 に描かれていますね。

　下に詳細な同心円構造を記しておきました。これを見るとノートは割と簡略化して描かれてありますね。**受験勉強というのは最初から細かく知識を集積していこうとすると、どこかで必ず学ぶことが嫌になります。**それでは長続きしません。もちろん、学ぶということは一生続くわけですが、まずは大きく理解するところからはじめてみましょう。◀︎2 のように幼稚な図でもよいから、自分が見やすい図を作ってみましょう！

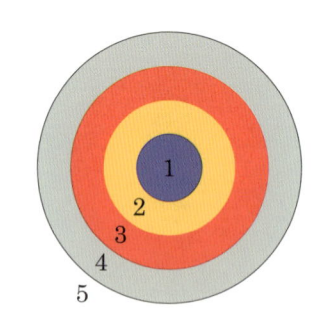

1	中心業務地区	中心業務地区が成立し、周囲に商業地区が形成される
2	漸移帯	卸売業や軽工業が混在し、一部に退廃地区が存在する
3	勤労者住宅地区	2で働く工業労働者が居住する低中級住宅地区が形成される
4	高級住宅地区	3よりも高級な住宅地区が形成される
5	郊外地区（通勤者地帯）	中心業務地区で働く労働者が住み、乗り物移動に30〜60分かかる定期券使用地帯

◎都市構造と地域分化

※都市圏は<u>通勤,通学圏</u>とほぼ一致する。
　↳メトロポリタンエリア

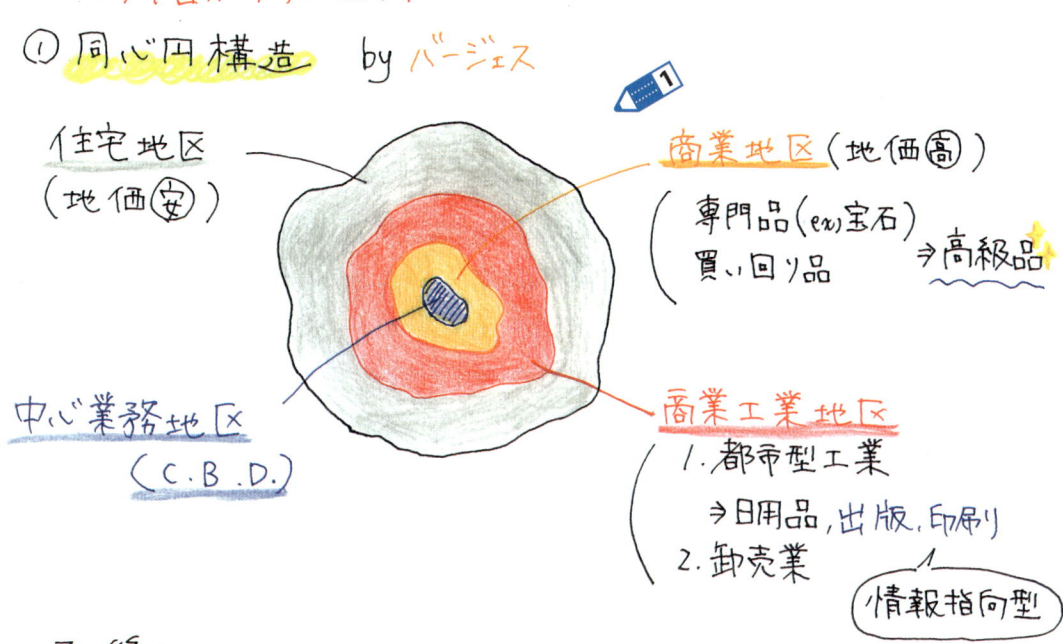

① 同心円構造　by バージェス

住宅地区
(地価 安)

商業地区 (地価 高)
(専門品 (ex.宝石)
　買い回り品) ⇒ 高級品

中心業務地区
(C.B.D.)

商業工業地区
1. 都市型工業
　⇒ 日用品, 出版, 印刷
2. 卸売業
　　〔情報指向型〕

その後…

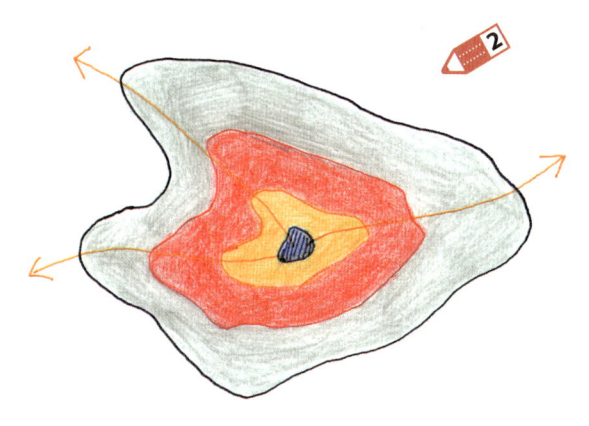

※公共交通機関の延長で都市圏は拡大

Lecture 54 都市構造と地域分化 Part 2
なぜ人々は郊外へ出ていく！？

　みなさんは、クリスタラーという人物を知っていますか？　彼は、中心都市の立地と発展を説明しようとしたドイツの地理学者です。主著『都市の立地と発展』において、財と公共サービスを周辺都市へ分配する中心都市があって、中心都市がもつ財と公共サービスが到達する距離には階層があるとし、その財と公共サービスが供給されていない地点には、新たに財を供給する中心地ができ、分配する階層に応じて各階層をつくると考えました。そして各階層の中心地は正六角形を並べた拡張点に位置することから、都市圏は蜂の巣のような構造になると著しました。蜂の巣構造、まさしくハニカム（honey cam）構造ですね。

　それについて端的にまとめてあるのが◀1️⃣です。文字で書き綴ってあるけど、一回読んだくらいでは頭には残りませんね。だからこそ、図化すること！　いつも言っていることですね。

　◀2️⃣には都心部の都市問題についてまとめてありますね。中心地理論とは別単元だから、この場合は新しいページの先頭から書き始めた方が良いと思います。だって！みなさんは今までノートを最後まで使い切ったことってありますか？　あったとしても、何十冊もないでしょう？　そうなんです。ノートというのは、結局は使い切らないものなのです。よく、1ページを二段に区切ってびっちり書いていく人がいるけれど、そんなことしなくてもノートは使い切りません。だから、ノートは贅沢に使いましょう。ノートはある程度の余白も必要です。余白のないノートは見にくいことこの上ないものです。「余白の美学」、これがノートを取るうえで重要なことの一つでもありますね。

　都心部ではドーナツ化現象が起こりやすいことはみなさんもよく知っていることでしょう。ではなぜ人口が流出するのかというと、ひとえに居住性の悪化が原因なのです。富を求めて人口が集中すると、住宅不足を引き起こし住宅費が高騰します。水平拡大ができないので、垂直拡大を目指して住宅の高層化が進むと、日照権の問題が生じてくる。また、交通に関するあらゆる問題も顕在化してくる、ヒートアイランド現象も起こる…、などなど居住性の悪化が始まるわけです。だから人々はより良い居住性を求めて郊外へ流出していくわけです。ここで重要なのが、◀3️⃣にもあるように生産年齢人口が流出するということ。郊外へ子供を連れて流出するということなんですね。これによって昼夜間人口比率が1（もしくは100）を上回ることとなるのです（◀4️⃣）。

② 中心地理論　by クリスタラー
　a. 中心都市は周辺都市に財・公共サービスを提供する。
　b. 都市圏は複数の構造をもちハニカム構造となる。

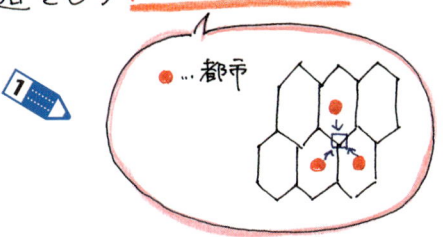

●…都市

1

2

都心部 … ドーナツ化現象
　　より良い居住性を求めて人口が郊外へ流出。
　　　　　　　　　　　　　　　↓
　　　　　　　　　　　　　　（若）生産年齢人口

⇒ 常住人口の減少
　　（夜間人口）

流出できる余裕がある。
（フットワークが軽い）

3

※ 昼夜間人口比率 > 1 (100)
　↳ 昼間人口 ≷ 夜間人口

	昼	夜
都心	多	少
郊外	少	多

4

Q. 何故、人口が流出??
⇒ 居住性の悪化
① 人口の集中 ⇒ 住宅不足
② 住宅費の高騰
③ 住宅の高層化
　⇒ 日照権の問題
④ 交通問題
　⇒ 騒音、渋滞
　　大気汚染、事故 など
⑤ ヒートアイランド現象
　a. 舗装道路 増
　　＝ 土壌 少
　b. 緑地帯 減

Lecture 54　都市構造と地域分化 Part 2　　133

Lecture 55 都市構造と地域分化 Part 3
「一つの物語」として都市を捉えよう！

人口が流出した都心部において、どんな問題点が生じるのでしょうか？

先ほど、生産年齢人口が流出するという話をしました。なかでも30～40代世代を中心に流出がみられます。結婚して子供に恵まれ、手狭となった都心部の住宅から、郊外に安くて広い住宅を求めるようになるわけです。しかし、そもそも郊外に住宅を求めることができる人々は、「住宅を求めるだけのお金を持っている」か、「郊外から都心部への通勤ができる」という条件を満たしているはずです。もちろん、子供を連れて30～40代が郊外へ住宅を求めるということは、都心部においては高齢者や低所得者層が取り残されるということになりますね。わが国ではみられませんが、外国などでは、都心部に取り残される人々に移民もいることでしょう。

◀1 働き盛りの労働者が流出することは、納税者が流出することと同じですから、自治体は税収が減って都市の維持が困難となります。そうなると、老朽化した住宅は建て替えられることもなく、住宅費が下げられ、低所得者層や移民が移り住んでくるようになるわけです。悲しいかな「貧困」と「犯罪」は、少なからずの関係性があることを否定することはできません。この都心部において、治安や衛生環境が悪くなっていき、スラム街が形成されるようになるわけです。このような人口や産業の空洞化によって起こる問題をインナーシティ問題といいます。

解決する方法は、再開発することによって居住性・利便性の高い都市へと生まれ変わること、それによって高所得者層を呼び戻すことが考えられます。そして高所得者層が再び都心部へ流入することをジェントリフィケーションといいますが、これはこれで問題があるのです。物事には100%良い、100%悪いということはなく、必ず一長一短がありますから。

それから、具体例はなるたけ記しておきましょう（◀2）。テーマも大事ですが、何かしらのテーマの具体的な事例として取り上げ、そこから問題の背景に隠れているテーマを探っていくという入試問題が数多くあるからです。

さて、上記の説明をノートに写すことが意味のないことであるのはわかると思います。これをどのようにしてまとめるか。ノートを参考にしていただければわかると思いますが、◀1のように矢印を多用して、そのつながりを作ることです。都市問題のように「一つの物語」として話が進んでいくものは、時系列を意識して矢印を使用して話をつなげてみてはいかがでしょうか。

Q. 問題点は？？
→ インナーシティ問題
　高齢者、低所得者層が残留
　⇒ 税収減となり都市の維持難
　スラムが形成される ←
　　→ 老朽化した住宅に低所得者層が流入

↓

Q. 解決策は？？
→ 再開発
　居住性、利便性を高め高所得者層を呼び戻す
　⇒ これをジェントリフィケーションという
　　→ 低所得者にとって…
　　　① 住宅の入手難
　　　② コミュニティーの崩壊
　　　　　などの問題が生じる。

例
- 仏 パリ → ラ＝デファンス地区
- 英 ロンドン → ドックランズ
　　　ウォーターフロント開発の一種

脱 東京のベッドタウン
- 横浜：みなとみらい　日産本社 etc…
- 千葉：幕張新都心

Lecture 55　都市構造と地域分化 Part 3

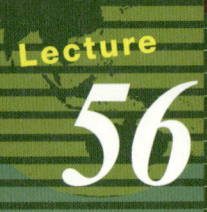

Lecture 56 都市構造と地域分化 Part 4
都市郊外ではどんな問題が起こる？

　都市構造と地域分化のラストです。

　都心部から働き盛りの労働者が流出した先は、都市郊外です。都市郊外は、都心部からの流入によってスプロール現象が起きやすくなりますね。都市郊外は都心部に比べて、ずっと地価が安いことから開発の自由がある程度効きます。だから、地域の状況に合わせて住宅や工場などが建設されていくのですが、**まったくもって計画性がないまま建設が進められることがある**わけです。

　「空き地だから、家を建てちゃおうぜ！」

　といった具合に。このように、無秩序・無計画に開発が進んでいくことをスプロール現象といい、計画的に建設された道路網などなく、虫食い状態に都市開発が進められていきます（◀1）。**この時点で社会資本が脆弱なんですね。**

　スプロール現象は、このように社会資本整備を後回しにされてしまうことから、例えば交通渋滞が起こりやすいとか、家屋が密集しているため災害時に被害が拡大しやすいといった問題点を抱えています。**再開発をすればよいのですが、膨大な時間と公共投資が必要となってしまうわけで、なかなか簡単に再開発が進むわけではないのです**（◀2）。

　スプロール現象が起こる都市郊外は、もともと労働者たちが移り住んできたわけであり、そこに住む人々は都心部へ働きに出かけます。ようするに都市郊外は、「住宅衛星都市」としての機能を有する場合が多く、**常住人口（夜間人口）の増加で、昼夜間人口比率が1（もしくは100）を下回ることとなるのです**（◀3）。

　さて、ノートは贅沢にとは言いましたが、それにしても贅沢に使っていますね(笑)。

郊外 … スプロール現象

（都心部からの流入者によって
無秩序、無計画に開発していく。
⇒ 常住人口の増加

※昼夜間人口比率 < 1 (100)

Q. スプロール現象の問題点は？？
① 自然災害時に被害が拡大しやすい
② 社会資本がぜい弱
③ 再開発には時間と公共投資が膨大

朝　〈都心〉　ぎゅうぎゅう　〈郊外〉
カタカタ　カタカタ　　　　　いってらっしゃーい

夜　〈都心〉　ぎゅうぎゅう　〈郊外〉
　　　　　　　　　　　　　　おかえりなさーい

Lecture 56　都市構造と地域分化 Part 4

Lecture 57 コナベーションとメガロポリス
無機質な用語をいかにして記憶にとどめるか！

　地形や気候などの自然環境を勉強する自然地理学は、視覚的に捉えることがとても重要だと言ってきましたが、人文地理学を視覚的に捉えることは比較的困難で、文字でまとめあげる必要があります。

　◀1を見ると、①コナベーション（連合都市）についての説明を、a～cまで3つ書いてありますが、a～cを括弧で括っていますね。この括弧は「亀甲括弧」という正式な名称がありまして、これを使うことで見栄えがよくなって、まとまり感がでます。好みの問題かもしれないけど、文字が羅列されてあるノートは見にくいものです。それを少しでも見やすくする、後で復習しやすくすることが目標だから、積極的に活用してほしいと思います！

　◀2を見ると、単なるメガロポリスの説明が書かれています。しかし、よく見てみると、文節ごとに色分けしていますが、一つの文章になっていることがわかりますね。これは、私自身が授業中に心がけていることです。なるべく文節や単語を切る形で改行しないように板書しているからです。後でノートを見返したとき、見栄えがよくなることが目的ではなく、記憶に残りやすいからなのです。個人差があるでしょうけど、文節や単語を切って改行すると、結局頭に残らないものです。もし、これを読んでくれている受験生の先生が文節や単語を切った板書をされたとしても、切らずに板書を取るようにしてみてはいかがですか？

　◀3には東海道メガロポリスについてまとめてあります。東京圏から中京圏、京阪神圏の大都市が新幹線や高速道路などで結合され、巨大な一つの経済圏となった地域のことを示します。これを文字で覚えられる受験生はよいけど、◀3のように図にしてまとめてみればどうでしょうか。一目瞭然となるようにするのがノートを取るコツです！　◀4についても同じですね。視覚的に捉えられるよう工夫することがとても重要なのです。

◎ コナベーションとメガロポリス

① <u>コナベーション</u>
 a. 複数都市の市街地が結合
 b. 境界が不明瞭

> 町のきりかわりがわからない状態

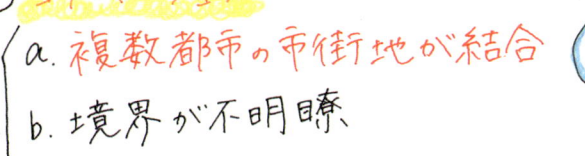

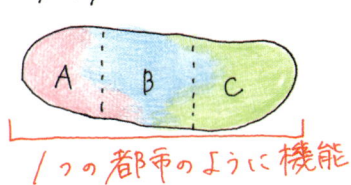

[図：A B C — 1つの都市のように機能]

 c. 都市問題を共有する

※ 成立のパターン
 a. <u>単拡型</u>
  → 中心都市が発展して周辺都市と結合
  例) 東京圏、中京圏、ロンドン圏、NY圏
 b. <u>多拡型</u>
  → 複数都市が発展し結合
  例) 京阪圏、ルール地域、五大湖周辺

② <u>メガロポリス</u> ⇒ 仏 ゴットマンが命名
 (コナベーション(連合都市)やメトロポリス(巨大都市)が高速交通、通信網で結合し、1つの巨大な経済地域となる。)

 a. 東海道メガロポリス
  ⇒ 日×60%の人口

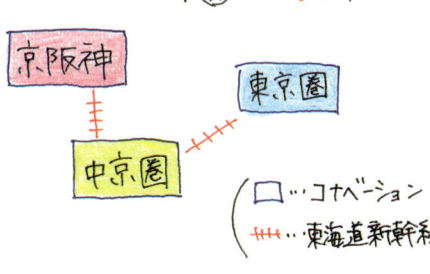

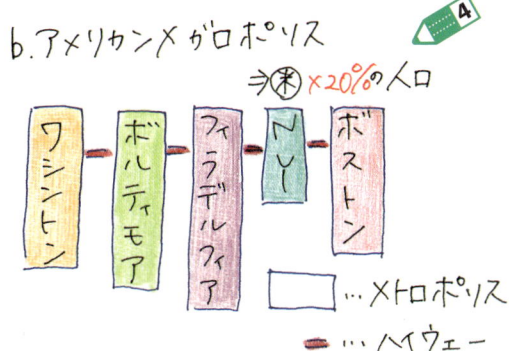

 b. アメリカンメガロポリス
  ⇒ 米×20%の人口
  ワシントン — ボルティモア — フィラデルフィア — NY — ボストン

[図：京阪神 — 中京圏 — 東京圏]

□ …コナベーション
┼┼┼┼ …東海道新幹線
□ …メトロポリス
━━ …ハイウェー

Lecture 58 都市型水害
都市化における問題点って何？

　それにしても、綺麗にノートを取ったものですね！ **実は、この板書、右ページに描いているようなものではありませんでした。** だって、「灰色のチョーク」なんてありませんからね(笑)。

　◀1 に描かれている舗装前の図は、道路の自然の状態をイメージして、茶色のチョークで地面を描きました。地面が土なわけですから、降水時に雨が地中に浸透していきます。植生もみられるでしょうから、水資源の涵養機能がはたらきます。ですので、降水時においても、河川の水位はそれほど急上昇することもないわけです。

　しかし、◀2 に描かれている舗装された河川においては、地面はアスファルトなどに覆われているわけですから、白色チョークで地面を描きました。降水時に雨が浸透しにくく、浸透しなかった雨は河川へと流れてしまう。植生もあまりみられないので、水資源の涵養機能がはたらきませんね。だから降水時に短時間で河川が増水してしまうわけです。その様子が一目瞭然ですね。

　◀1 は茶色、◀2 は灰色とそれぞれ色を使い分けていますね。これは、山田さんが積極的に色を加えて見やすく工夫したものです。そこまでする必要があるかどうかと尋ねられたら、「必要ない！」と答えますが、「見やすくすることで記憶にとどめやすくする」ことを念頭においてノートを取っているんだと考えてください。

　自ら色を塗ることが大事なんですね。最初からカラフルなものは、脳内では背景として流れていくだけです。**自ら色を付けていくことで記憶として定着しやすいんです。** まぁ、だまされたと思ってやってみてください。
　もちろん、「そんなのやらなくても、ボクは記憶できるぜ！」という受験生は、それで結構です。あくまで参考にしてもらえればよいだけの話ですから。

　そして◀3 では、舗装が進むことで生じる問題点を危惧したヨーロッパの河川においては、元に戻す取り組みが進んでいるという話をさりげなく追加してありますね。つながりが大事でしたね。**聞き漏らさず、すかさず知識をつなげて書き込んでいきましょう！**

◎ 都市型水害
① 舗装前 ✏1

ⓐ … 生態系を与える。

＊降水時
（土壌 有, 植生 多
⇒ 土壌中に浸透 する
→ 河川の水位は安定する。

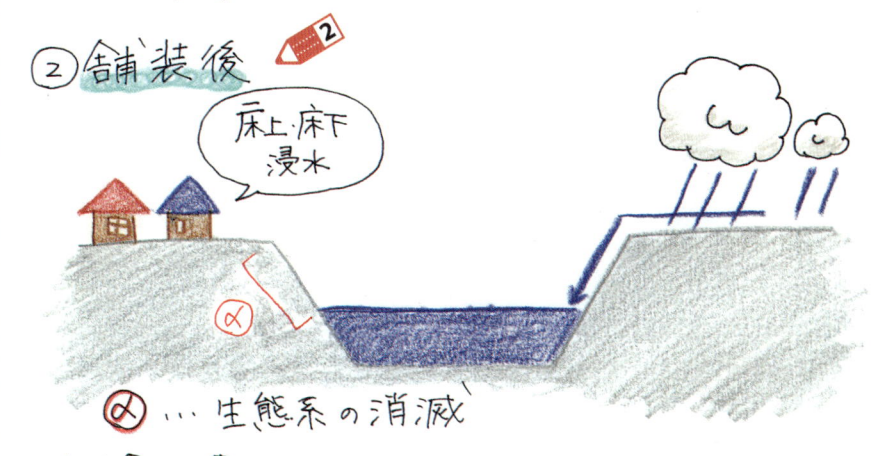

② 舗装後 ✏2

床上・床下浸水

ⓐ … 生態系の消滅

＊降水時
（土壌 無, 植生 少
⇒ 土壌中に浸透 しない
→ 河川が短時間で増水 ✏3

＊ヨーロッパなどで 河川を元に戻す取り組み 増

Lecture 59 途上国の都市問題
因果関係を明確に！

　◀1にあるように、**途上国における都市問題はなんといっても、都心部の周辺で形成されるスラムやスクォッターの問題です**。スラムは低所得者層が集中して生活している地区で、犯罪の温床となることもあるような地区のことです。スクォッターは都心部において不法に占拠された法的根拠をもたない住宅のことをさします。

　これらの地域では、保護者や住む家がなく、物乞いや日雇い労働などで生計をたてて路上生活をする**ストリートチルドレン**が多くいて、**インフォーマルセクター**（統計上記録されない労働）に従事している者が多いんです。スクォッターは、ブラジルのファベーラやインドのバスティー、トルコのゲジェコンドゥなどが有名ですね。

　では、「なぜこのような問題が起こるのか？」という話。**因果関係を理解することこそが、「地球上の理」を学ぶことそのもの。**そして、そのことを理解するためのノートになっていますね。

　◀2に原因がまとめられています。**産業の中心が農業である → その農業は労働集約的である → そのため子供が農業労働力として期待される → その結果多産の傾向となる**、と矢印を使って、順を追って説明してありますね。まとめ方は個人差があるものですが、どの話からどの結果が導き出されるのかを意識して、矢印でつながりを作りながらノートを取ると因果関係が明確になって、論述問題などにおいても何を書けばよいのかが記憶として定着しやすいと思います。

　◀1や◀2は因果関係を「無機質な文字」でまとめただけですが、これを視覚的に表現できないものか？　◀3を見ると、◀1や◀2の文章に①や②などの番号が付けられて、それが何を表しているのかを図にまとめられていますね。単に図を描くだけでは理解は進みませんが、それを説明する文章をセットで書いておくことで、図を描く意味が出てくるわけですね。

◎ 途上国の都市問題

途上国 の産業の中心は 農業（労働集約的）
- 多産の傾向にある
  → 農村部 での人口増加（著）
    └ 就業機会が少ないので大都市へ流出 ― ①

大都市においても 就業機会、住宅が少ない ― ②
⇒ あふれた人々が郊外 スラム、スクオッターを形成

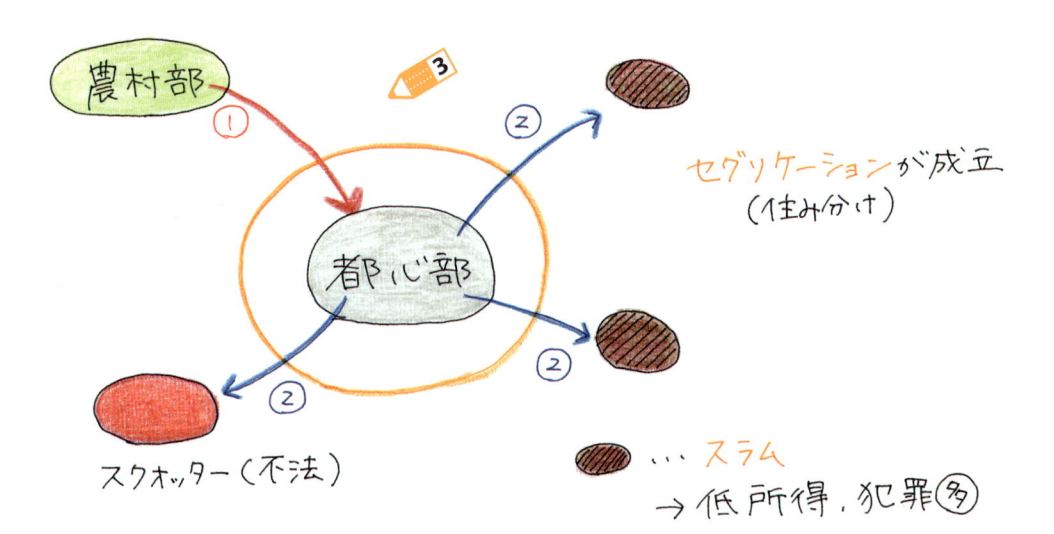

```
農村部 ──①──→ 都心部 ──②──→ （スラム）
              ──②──→ （スラム）
              ──②──→ スクオッター（不法）
```

セグリゲーションが成立（住み分け）

▨ … スラム
  → 低所得、犯罪 多

※ スクオッター
- ブラジル ⇒ ファベーラ
- 印 コルカタ ⇒ バスティー
- トルコ アンカラ ⇒ ゲジェコンドゥ

Lecture 59 途上国の都市問題

Column IX なぜアメリカ合衆国はわが国から「地理」を取り上げたのか？

　なぜ、わが国の高等学校地理歴史科では歴史偏重教育なのでしょうか。現在の高等学校では、世界史が必修 → 歴史科目選択者に偏る → 地理を学ぶものが少なくなる → 歴史科目しか学んだことがない学生が先生になり地理を教える → 地理の面白さを伝えられない → 生徒は地理を面白くない科目と認識する。これの繰り返しです。勉強が面白くなるのは**「先生の腕」と「生徒の知的背景と好奇心」によるところが大きい**ことは否めません。

　歴史教育よりも地理教育が重要であると言っているのではありません。歴史に偏りすぎるのは良くないと言っているのです。わが国には、「地理選択者を門前払いする」ような、名の通った大学がいくらでもあります。そもそも地理が開講されない高等学校があるのも事実です。われわれは日本人なのですから、世界史が必修なのであれば**日本史や日本地理こそが必修であるべきではないでしょうか？**　東日本大震災を機に防災への関心が高まっています。**教育現場で防災に関する知識を教えていくうえで、地理こそ必要があるのではないでしょうか。**

　歴史は各時代の地理の積み重ねなのです。「昔話」を勉強するのではありません。「昔の地理」を勉強するのです。時代劇などを観ると、合戦の前には必ずといっていいほど「地図」を前にして無骨な男たちが議論を展開している場面をみなさんも見たことがあるでしょう。あれって、まさしく地政学、そして「地理」なんですよ。

　実は、**戦前の地図は沿岸部は白く塗りつぶされていました。**なぜか？　戦争において軍港は最重要国家機密です。**そんなところを地図に載せる国は、「私はネズミが苦手です！」と公言するドラえもんのようなものです。**

　戦後わが国は、**アメリカ合衆国から「国史、地理、修身」を取り上げられました。**もちろん「地理を必修にして来るべき戦争に向けて勉強をしよう！」と言っているのではありません。地理で現代世界の文化を学び、そうなった経緯を知るために世界史がある。世界史だけを学んでみても、現代世界を学びとれないということです。

　「なぜ、アメリカ合衆国がわが国の教育現場から地理を取り上げたのか？」

　みなさんには、このことをもうちょっと真剣に考えてほしいと思います。**日本地理も世界地理も、日本史も世界史も全て学ぶ必要があると思うのです。**

Chapter X

地図上で情報を読み取ってこその「地理」です

- **Lecture 60**　北アメリカの自然環境
- **Lecture 61**　アメリカ合衆国の農業
- **Lecture 62**　南アメリカ大陸の気候と植生
- **Lecture 63**　オセアニアの地域区分
- **Lecture 64**　オーストラリアの地誌
- **Lecture 65**　ニュージーランドの地誌

- **Column X**　地名が面白いのは当然である！

Lecture 60 北アメリカの自然環境
ポイントとなるのは西経100度

　北アメリカ大陸の自然環境を学ぶうえでとても重要なのが、**西経100度がどこを通過しているか**ということ。北アメリカ大陸のほぼ中央を通過します。◀1で、それをビシッと引いています。**西経100度が年降水量500mmの等雨量線とほぼ一致する**という話は知っていることだと思うけど、それがなぜなのかわかっていますか？

　それを知るためには、北緯37度付近の断面図で理解することが重要です。◀2に描かれた断面図がまさしくそれですね。**北緯37度といえば、偏西風が卓越する緯度帯**。偏西風が西から海岸山脈、シエラネヴァダ山脈と上昇していき、その過程で地形性降雨をもたらします。その様子がしっかりと描かれています。そしてロッキー山脈を吹き下ろす時に乾いた風へと変わり、βグレートプレーンズと呼ばれる地域をつくりだすのです。**木は生えないけど草なら生えるわけで、家畜の放牧が行われている地域**です。さりげなくそのつながりを◀3に記してあります。

　一方の西経100度以東の地域は、沿岸部では降水量が多いけど、内陸に進むにつれて隔海度が大きくなるため降水量が少なくなります。そこでγプレーリーと呼ばれる温帯草原が形成され、そこでは冬小麦の栽培が行われています（◀2・◀3）。こうした**自然環境と農業経営の相関関係をつねに意識することは非常に重要**だから、みなさんもノートを取るときは意識して情報をどんどん追加してほしいところです！　しかし山田さんのノートは、アパラチア山脈の断面図がちょっと大きすぎですね（笑）。アパラチア山脈は古期造山帯だから、もう少し小さめに描いた方がよりリアルです。

　◀4はかつての**氷食地の最大範囲を示した地域**です。これがわかると、北アメリカ大陸における氷河湖の分布、地力が低いから穀物栽培には不適で酪農が営まれていることなどが一目瞭然となります。

　それから忘れてはならないのが、◀5の北回帰線を描き入れているところ。**回帰線と回帰線の間に熱帯気候が分布**するんでしたね。**目安となる経緯線は積極的に描き入れていくことが大事だから、つねに意識しましょう。**

北アメリカの自然環境

Lecture 60 北アメリカの自然環境

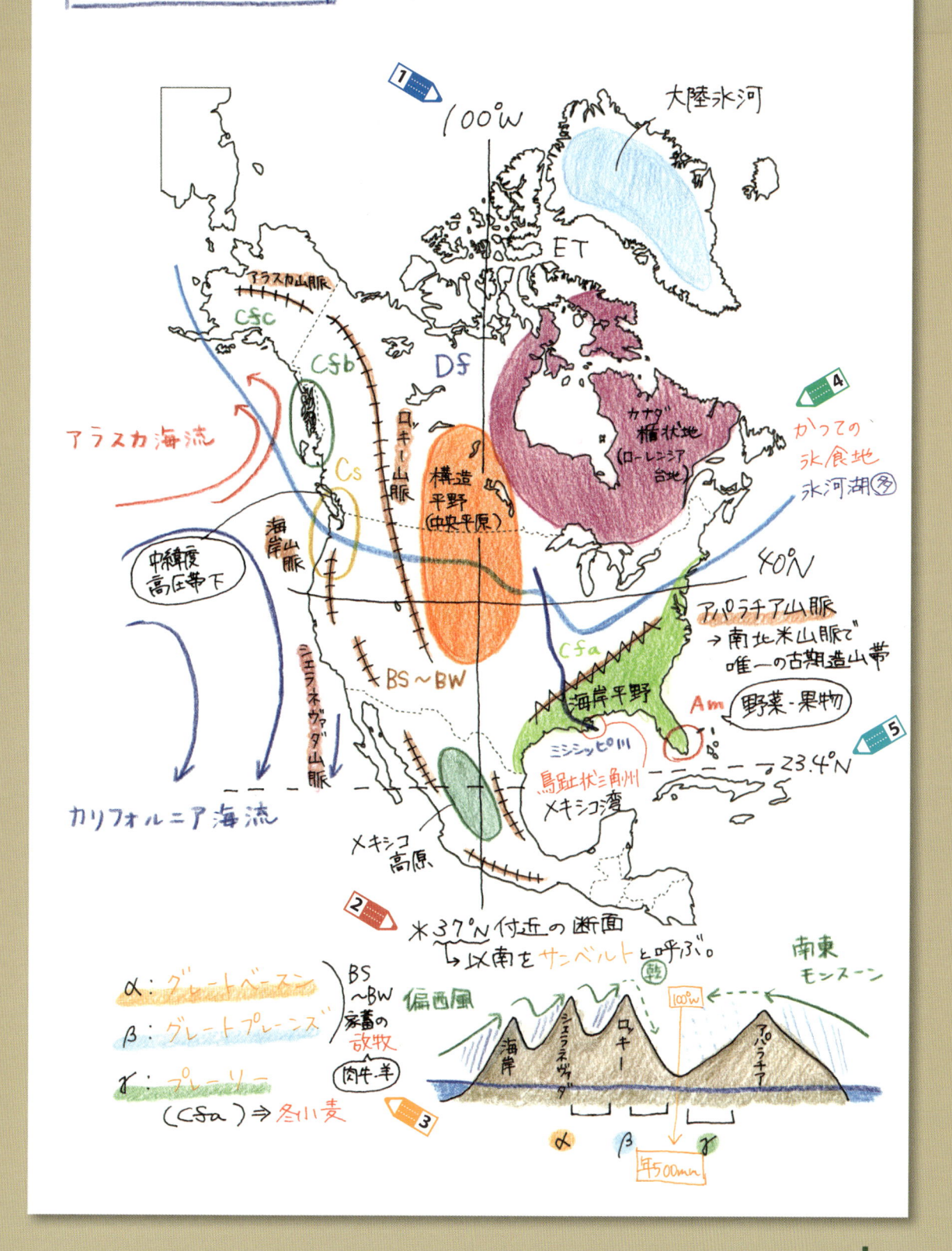

Lecture 61 アメリカ合衆国の農業
適地適作を理解しよう！

農業というのは、自然環境の影響を受けて行われるものです。 農業経営が可能となるのは最暖月平均気温10℃以上、穀物栽培が年降水量500mm以上、牧畜は年降水量250mm以上がそれぞれ目安となります。北アメリカ大陸において、西経100度は年降水量500mmの等雨量線と一致し、北緯40度以北はかつての氷食地を示しますので、この二つの経緯線が農業区分を理解するうえで重要な要素となるのです。**まさしく、適地適作というわけです！**

◀ 1 に西経100度線、◀ 2 に北緯40度線がそれぞれ引いてありますね。西経100度線以西は、年降水量が500mmを下回り、またアメリカ合衆国は農家一戸あたりの耕地面積が非常に広大であるので、企業的牧畜（h地域）が営まれています。一方の西経100度線以東では、小麦の栽培が盛んになり、北緯40度以南で温暖な気候を示すことから、越冬が可能で、秋に種をまいて初夏に収穫する冬小麦の栽培（c地域）が行われていますね。

と、このように自然環境を背景知識として一つひとつ農業区分を見ていくと、すんなりと知識が定着するのではないかな？　もちろん、それを可能な限り視覚的に記憶に残すことが大事！だからこそ、**地図に情報を落とすのです。** アメリカ合衆国の農業区分は非常に明確で、わかりやすく、得点源となりやすいからしっかりと学習しよう！

難をいえば、かつての氷食地の最大範囲が示されていないことです。これを示していればもっとよかったでしょう。「かつての氷食地 → 地力が低い → 穀物栽培が困難 → 酪農が発達」という知識の連鎖をつくるためにも、あらゆる情報を盛り込んでつなげていくことが大事！　◀ 3 の五大湖周辺で酪農が発達する要因は、ほかに①大都市に近接、②北欧系の移民が多い、などが挙げられるけど最大の理由は、「地力が低いことによる穀物栽培が困難である」ことだから、そのためにも氷食地の最大範囲を示しておきたいところです。

もっというと、北回帰線も描いておくとよいですね。**赤道、北回帰線、南回帰線、北緯66.6度の4本を引ける地図が登場したら、必ず引いておくことが大事**で、これがわかれば一気に理解が進む事例が数多くあるから意識しましょう！

アメリカの農業

特徴

A （大規模経営（大農法）
   └→ 粗放的経営になりがち
      → 土地生産性 低

B （農家一戸あたりの耕地面積 広
   タウンシップ制が基礎

A、Bより総収穫量が多い
さらに、農業人口が2%と少ない
→ 高度に機械化された農業
よって、労働生産性 高
→ 農業が魅力ある産業となる

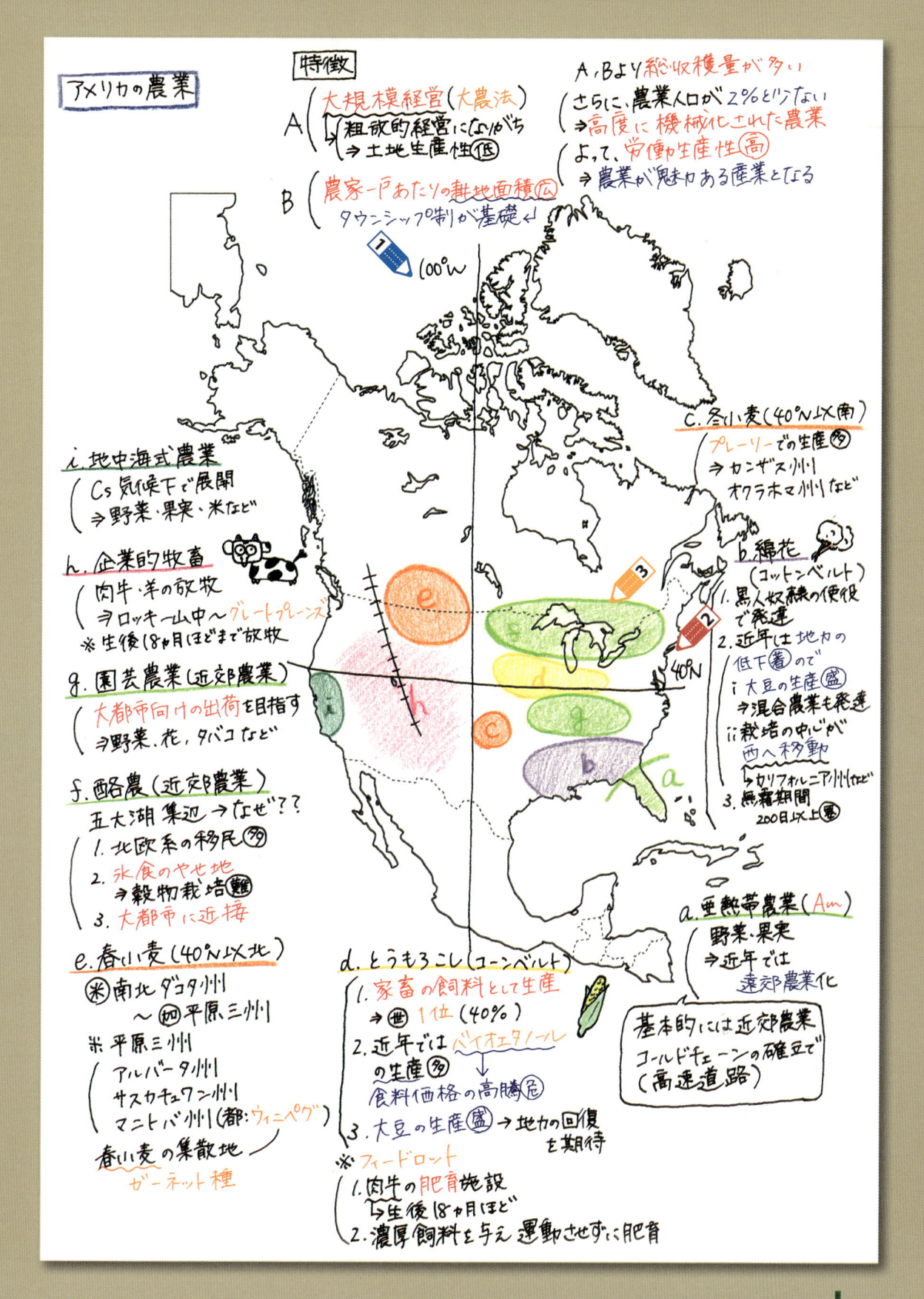

i. 地中海式農業
（Cs気候下で展開
→ 野菜・果実・米など

h. 企業的牧畜
（肉牛・羊の放牧
→ ロッキー山中〜グレートプレーンズ
※ 生後18ヵ月ほどまで放牧

g. 園芸農業（近郊農業）
大都市向けの出荷を目指す
→ 野菜、花、タバコなど

f. 酪農（近郊農業）
五大湖集辺 → なぜ？？
1. 北欧系の移民 多
2. 氷食のやせ地
   → 穀物栽培 難
3. 大都市に近接

e. 春小麦（40°N以北）
㊤ 南北ダコタ州
㊦ 平原三州
※ 平原三州
（アルバータ州
  サスカチュワン州
  マニトバ州（都：ウィニペグ）
春小麦の集散地
ガーネット種

d. とうもろこし（コーンベルト）
1. 家畜の飼料として生産
   → 世 1位 （40%）
2. 近年ではバイオエタノール
   の生産 多
   食料価格の高騰 危
3. 大豆の生産 盛 → 地力の回復を期待

※ フィードロット
1. 肉牛の肥育施設
   └→ 生後18ヵ月ほど
2. 濃厚飼料を与え運動させずに肥育

c. 冬小麦（40°N以南）
プレーリーでの生産 多
→ カンザス州
  オクラホマ州 など

b. 綿花（コットンベルト）
1. 黒人奴隷の使役で発達
2. 近年は地力の低下 著 ので
   i 大豆の生産 盛
     → 混合農業も発達
   ii 栽培の中心が西へ移動
     → カリフォルニア州など
3. 無霜期間 200日以上 要

a. 亜熱帯農業（Am）
野菜・果実
→ 近年では遠郊農業化

基本的には近郊農業
コールドチェーンの確立で
（高速道路）

Lecture 61 アメリカ合衆国の農業　149

Lecture 62 南アメリカ大陸の気候と植生
植生をしっかりと区別しよう！

　熱帯は両回帰線の間に分布する気候だってこと、みなさんは覚えていますか？　南アメリカ大陸に限らず、熱帯気候の分布域を知るうえでとても重要な知識ですね。

　南アメリカ大陸の気候を大まかにみていくと、**60％もの地域が熱帯**です。◁1を見てみましょう。回帰線よりも低緯度側に熱帯地域が広がっていることがわかりますが、**白地図に熱帯気候の分布を記していくよりも、回帰線を追記することで、熱帯気候の分布域が確実に覚えられます**。熱帯気候の分布がわかれば、熱帯の植生も分布域もわかる！

　◁2を見てみましょう。「どの地域にどんな植生が分布するか？」をより確実に覚えるために、一覧にまとめてあります。「リャノはオリノコ川流域に分布する熱帯草原…」と無機質な文字で覚えていくよりは、**地図の上で情報を読み取りましょう！**　それを絵にしてメモ書きしておけば、無機質な単語もイメージがふくらみます。ノートには、「南アメリカ大陸の熱帯雨林が近年減少傾向にある」という環境問題の話まで、吹き出しでメモしてあります。地理という科目は、いろいろな分野の知識を有機的につなげていくことが大事だから、他分野にまたがる知識はどんどん盛り込んでメモをとるべし！

　南アメリカ大陸には主に、二つの地域に砂漠気候が分布していますが、◁3は**海岸砂漠**、◁4は**雨陰砂漠**と、それぞれ成因が違います。それぞれの砂漠がどんな成因でできたのかを知っておくために板書が工夫してあります。
　海岸砂漠は沖合を寒流が流れていることが大前提です。**海岸砂漠**であるアタカマ砂漠の沖合に、**ペルー海流**（フンボルト海流）**という寒流が流れています**。寒流であることを強調するために、**青色で描いているところがポイント**ですね。
　また、**パタゴニア地方**に広がる砂漠気候は**雨陰砂漠**といって、**山脈の風下側に発達する砂漠**です。風、山脈の存在が大事ですから、**偏西風、アンデス山脈**を記して、**パタゴニア地方が偏西風の風下側に位置している**ことを印象づけています。文字で覚えるのもよいですが、目で見てすぐわかるようにまとめていますね。アンデス山脈が「線路のような記号」で記されています。これは新期造山帯を意味する記号で、一目瞭然となるようにしてあるわけですね。
　つねに**地図上から情報を読み取れるように工夫する**ことが最も重要なのです。

南米大陸の気候と植生

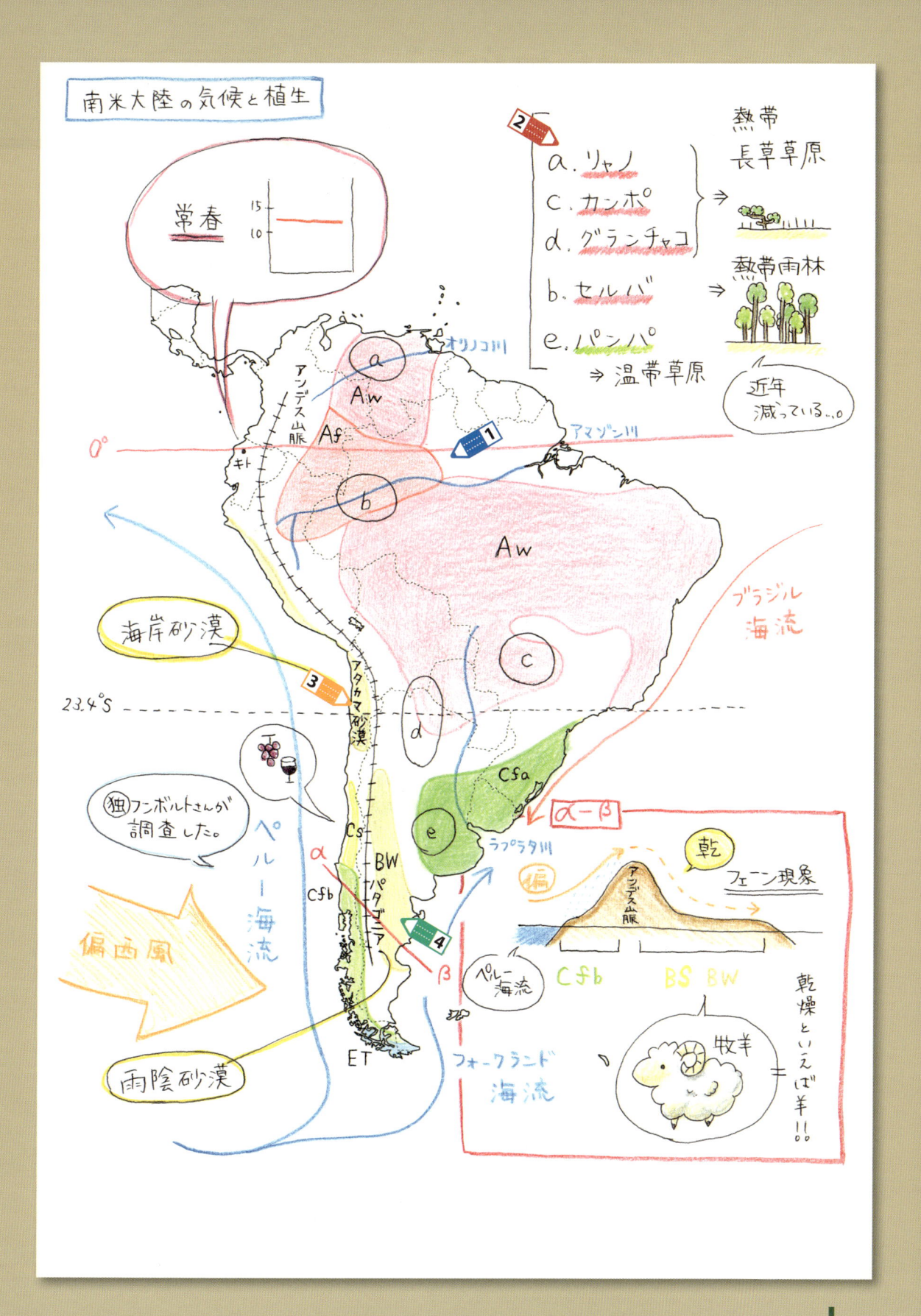

常春

a. リャノ ｝熱帯
c. カンポ ｝長草草原
d. グランチャコ
b. セルバ ⇒ 熱帯雨林
e. パンパ ⇒ 温帯草原
　　　　　近年減っている…。

オリノコ川
アンデス山脈
Aw
Af
キト
0°
アマゾン川
b
Aw
ブラジル海流
c
23.4°S
海岸砂漠
アタカマ砂漠
d
⑲フンボルトさんが調査した。
Cs
Cfa
e
ラプラタ川
BW
パタゴニア
Cfb
ペルー海流
偏西風
雨陰砂漠
ET
ペルー海流
フォークランド海流

α→β
偏
アンデス山脈
乾　フェーン現象
Cfb　BS BW
乾燥といえば羊!!
牧羊

Lecture 62　南アメリカ大陸の気候と植生　151

Lecture 63 オセアニアの地域区分
まずは大きく理解しよう！

　オセアニアはミクロネシア、ポリネシア、メラネシア、オーストラリアの4地域に分けられる地域。オーストラリアの場所はすぐわかるとしても、残りの島嶼地域は「ここからここまでがミクロネシアで…」とすぐにわからないものです。そこでミクロネシア、ポリネシア、メラネシアの3地域の分布域を示すところから始まるわけです。

　3地域を区分したところに赤道を入れています（◀1）。赤道を引くことができる地図が出てきたら、必ず赤道を描き入れるようにしましょう！「あぁ～、赤道を描き入れたくてたまらねぇ～！」という具合で、赤い武器（赤ペン）をもって必ず描き入れてください。オセアニア地域を、赤道と経度180度線で、便宜上4つのブロックに分けたとすると、ミクロネシアが「左上」(a)、メラネシアが「左下」(c)、ポリネシアが「右半分」(b)と概観できます。

　ポリネシアは「ネシア＝島」が「ポリ＝たくさん」存在する地域という意味ですが、島の多くがハワイ、イースター島、ニュージーランドを結んだ三角地帯に集中しています。わかったつもりにならず、三角地帯に色を塗ることで、後でそこに意識がはたらくように工夫してあります。◀2の「山田メモ」にもあるとおり、イースター島の別名はラパヌイ島といいます。こういう「こぼれ話」はどんどんメモっていきましょう！

　◀3　島は何を起源とするかによって、大きく二つに分類されることを覚えているかな？　大洋底を起源としているのが洋島、大陸棚を起源としているのが陸島でした。ミクロネシア・ポリネシアは洋島から、メラネシアは陸島からなっています。メラネシアの方が鉱産資源の埋蔵の可能性が高く、代表例として二つの島の名称と、そこで産出する鉱産資源が書かれています。細かい島の分布は、おのおのが地図帳で確認すればよいことですから、板書としてはここまででいいと思います。洋島の中にも、例外的に鉱産資源が産出する、かつてのナウルのような島もありましたから、メモっておくのもよいかもしれませんね！

Chapter X　地図上で情報を読み取ってこその「地理」です

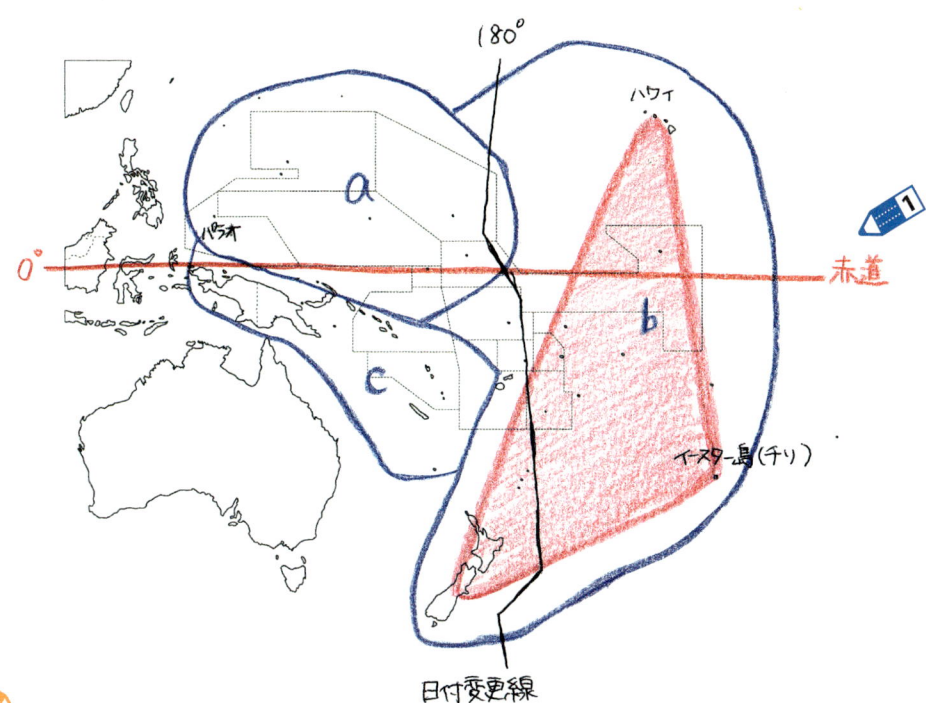

オセアニアの地域区分

(地図: a=ミクロネシア、b=ポリネシア、c=メラネシア、180°日付変更線、0°赤道、パラオ、ハワイ、イースター島(チリ))

① 洋島（大洋底から発達）
　a. ミクロネシア
　b. ポリネシア
　⇒ 資源の埋蔵（少）

② 陸島（大陸棚から発達）
　c. メラネシア
　⇒ 資源の埋蔵（多）
　例 ⎰（仏）ニューカレドニア島 ⇒ ニッケル鉱
　　 ⎱（PNG）ブーゲンビル島 ⇒ 銅鉱
　　　パプアニューギニア

（三角形図: ハワイ、NZ、イースター島）
この三角形のなかに島が集まっている!!
カギとなる3つの島を覚えておくこと☆

山田メモ
イースター島
〈別名〉＝ラパヌイ島

Lecture 63　オセアニアの地域区分

Lecture 64 オーストラリアの地誌
オーストラリア大陸って乾燥しているの！？

◁1 オーストラリア大陸には赤道は通過していませんが、**実は大陸のすぐ北側を通過しています。**入試問題は、各地域ごとに出題される傾向があるけれど、**地域の境界付近は意外と盲点になりやすいところ**です。だからこそ、オーストラリア大陸のすぐ北側に赤道を描き入れることが重要で、他地域でも同じような意識をもちましょう！

◁2 **オーストラリアといえば鉱産資源が豊富な大陸で、資源産地を特定するうえで絶対に欠かせない大陸。**だからこそ、オーストラリア大陸の資源産地を描き入れることが重要です。板書では、ボーキサイト、鉄鉱石、石炭の三資源の産地が描かれてあるけれど、こうなると、これら以外の産地も描きたくなるところ。どこまで知識を習得する必要があるかにもよるけれど、**センター対策であればココまでで十分です。**あとは必要に応じて、自分で追加していきましょう。

◁3 **オーストラリアに乾燥気候が60％弱存在する**ことが書かれてあります。実際は、57.2％もの地域が乾燥気候ですが、これも視覚的に捉えましょう。板書では、**乾燥気候が展開する地域**だけでなく、熱帯や温帯などの分布域も色分けして示していますが、ここまで塗り分ける必要はなく、自分でわかるように分布域を区分しておくとよいでしょう。さらに、**南回帰線をきちんと描き入れてあることも見逃せません。**これがあるからこそ、**熱帯地域が大陸の北側に展開し、そこでボーキサイトが産出する、またサンゴ礁（ここではグレートバリアリーフ）の分布が北東部にあるという「知識の連鎖」が起こるわけです。**海流も描き入れておくと知識のつながりがより明確になってさらによかったですね。

◁4 羊の絵が描いてあります。もし男子生徒だったらここまでできるかというと、なかなか厳しいとは思いますが、**羊を描くことで牧羊が行われているんだろうなということくらいは頭に残る**だろうと思います。では、どこで行われているのかということで、ここで初めて大鑽井盆地という名称を覚えるわけです。最初から丸暗記は禁物！**用語は、暗記するべき時に暗記するべし！**

◁5 大鑽井盆地で行われている牧羊について板書してあります。被圧地下水を飲み水として牧羊が行われていて、**被圧地下水の断面図が、「自噴する」ということの理解を助けているのがわかりますね。**

オーストラリアの地誌

1️⃣ 　0°————————————————————————赤道

💬 オーストラリアのすぐ上に赤道が通っている

2️⃣
- □ … ボーキサイト
- × … 鉄鉱石
- ● … 石炭

PNG

💬 堡礁だから沖合いに発達 グレートバリアリーフ

3️⃣ 23.4°S —————

💬 B気候 60%弱！

Aw / Am / Cs / Csa / Csb / グレートディバイディング山脈 / 40°S

4️⃣ (地図中：a＝ピルバラ地区、b＝大鑽井盆地、牧羊)

5️⃣
* **ピルバラ地区 (a)**
  鉄鉱石の産出 多
  →日本向けの輸出量 多

* **大鑽井盆地 (b)**
  自噴する被圧地下水を飲み水とした牧羊

（図：自噴／被圧地下水）

* **ボーキサイト**
  →熱帯地域でとれる。
  高温・多雨
  巨木・木が多い
  腐らない
  全部栄養分流す
  ↓
  重い鉄分だけ残る
  ↓
  冷えてかたまる
  ↓
  ボーキサイト

* **グレートディバイディング山脈**
  モウラ炭田を中心に石炭の産出 多
  →日本向けの輸出量 多

Lecture 64　オーストラリアの地誌　155

Lecture 65 ニュージーランドの地誌
小さい国土に情報量がたくさん！

　ニュージーランドの国土面積は27万km²と、日本の約70％ほどの小さい国土ですが、意外と情報量は多い国です。

　ニュージーランドの気候について板書してあります（◀1）。**全域にCfb（西岸海洋性気候）が展開しているという知識が、なぜ酪農や牧羊が営まれているかの下地となります。**何気ない情報だけど、すごく重要です。

　地形に関して、北島と南島のそれぞれに分けて板書してあります（◀2）。北島は平坦な島だけど、**南島はサザンアルプス山脈が縦断していることもあって、これが南島の東西の海岸の降水量に違いをもたらすわけです。**だからこそ、地形断面図が板書してあるのです（◀3）。板書を見てもわかる通り、**フェーン現象によって風上側と風下側で降水量に違いがあり、そこから農業形態に違いがある**ことまで板書していますから、羊が描かれている意味が見えてきますね（◀4）。

　ほかにも、南緯40度、南西部に発達するフィヨルド、偏西風帯となっていること、南島の東部に平野が広がることなど、**すべてが視覚的に捉える工夫がしてあります。地図上に情報を落とす目的は、視覚的に捉えることだから、こういったものはどんどん描き込んでいくことが大事ですよ。**

　最後に、◀5の「山田メモ」には、「マオリ族の顔」が描かれています。これは舌を「ベロッ！」と出すことによって、「歓迎」を意味する表情を作ったイラストです。簡単なイラストですし、ただの雑学にしか過ぎないんだけど、こういうメモを残すことで、ニュージーランドの先住民がマオリ族であることが、記憶として残ったんじゃないでしょうか？「そんなの下らない！」と自分で決めずに、何でもかんでもメモとして残していきましょう。「効率の良さ」こそが受験において最も大事なのはわかるけど、**ある程度の「遊び」も必要で、その「遊び」の部分がみなさんを底力のある人間へと育ててくれるのです。**

NZの地誌

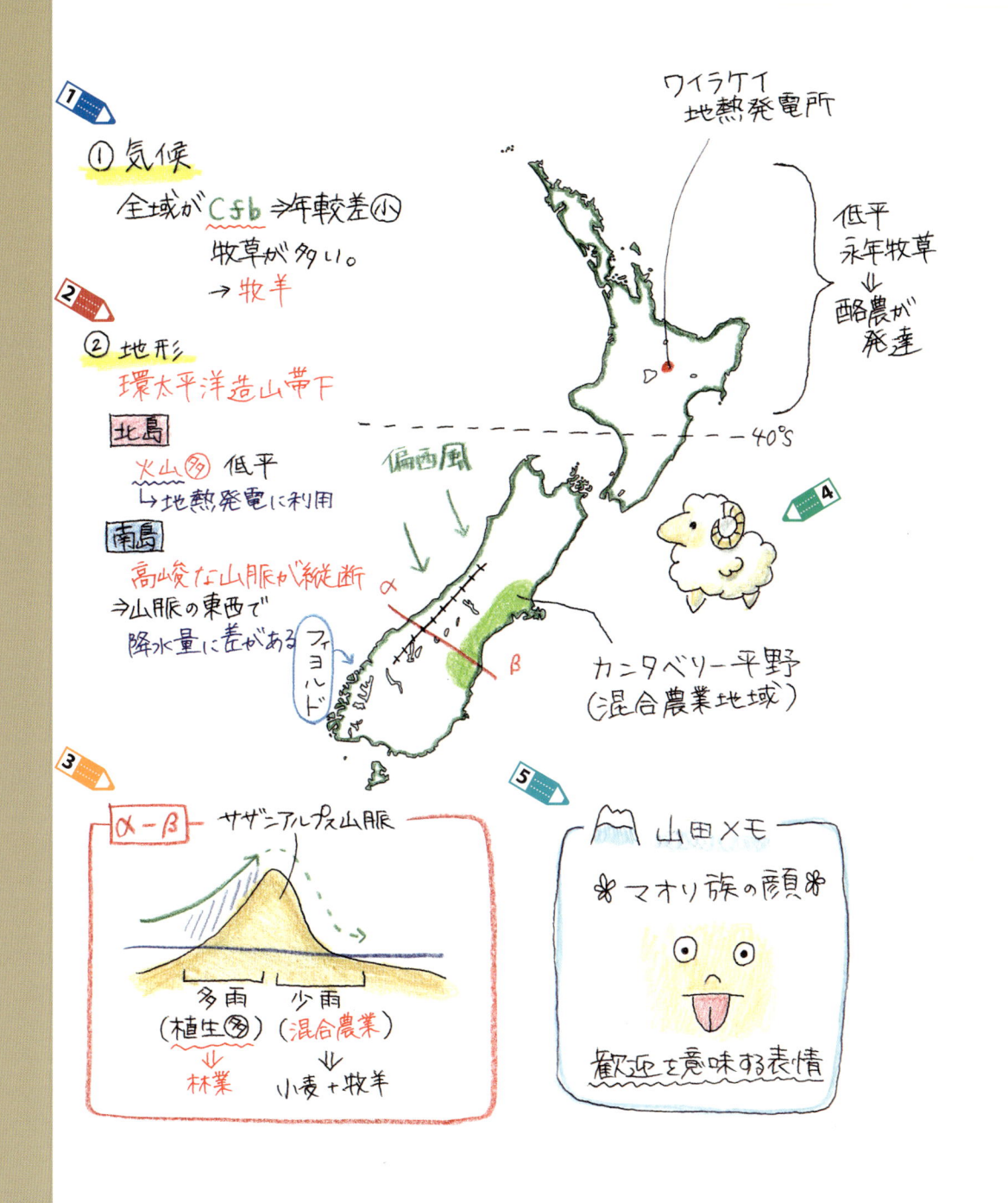

1️⃣
① 気候
　全域が **Cfb** ⇒ 年較差小
　　牧草が多い。
　　→ 牧羊

2️⃣
② 地形
　環太平洋造山帯下
　[北島]
　　火山多　低平
　　　→ 地熱発電に利用
　[南島]
　　高峻な山脈が縦断
　　→ 山脈の東西で
　　　降水量に差がある　フィヨルド

ワイラケイ地熱発電所

低平
永年牧草
⇓
酪農が発達

―― 40°S

偏西風

カンタベリー平野
（混合農業地域）

3️⃣
[α-β]
サザンアルプス山脈
多雨　　少雨
(植生多)　(混合農業)
⇓　　　　⇓
林業　　小麦＋牧羊

4️⃣

5️⃣
山田メモ
＊マオリ族の顔＊
歓迎を意味する表情

Lecture 65　ニュージーランドの地誌　157

Column X 地名が面白いのは当然である！

ところで

Llanfairpwllgwyngyllgogerychwyrndrobwllllandysiliogogogoch

って読めますか？　母音も子音もまるで無視したかのようなこの表記は、キーボードの打ち間違えで、「いあじゅhsぢふはすdhふぃあうshぢふはいすhdふぃおうはし」となってしまったのと、ほとんど変わらないような感じがしますが、実は歴とした**実在する駅の名前**。この駅は、連合王国であるイギリスを構成する「国」の一つ、ウェールズの北部にあるアングルシー島にあります。

　そもそも**ウェールズはケルト系民族が多く居住する地域**として知られていて、ケルト系言語であるウェールズ語を話す人々が多いのです。ウェールズ語は英語とともに公用語とされており、基本的には公の場のほとんどで二言語併記がみられます。われわれ日本人は外国語を目にすると、正誤は無視して「まず英語に変換」する傾向があります。それがしっくりこなければ、「いったいどこの国の言語だ？」と疑問を生じさせますが、それがイギリス国内の出来事というから、たちが悪いです。

　前述の駅名は「ランヴァイル・プルグウィンギル・ゴゲリフウィルンドロブル・ランティシリオゴゴゴホ」となり、「聖ティシリオの赤い洞窟のそばの速い渦巻きに近い白いはしばみのそばの窪地にある聖マリア教会」という意味。しかもこの駅、**降車したい旨を車掌さんにお願いしないと停車してくれない**という、なんとも鬼畜な駅ではありませんか。名前が長いだけに、お願いする方も大変です。実際には、「Llanfair P.G.」と略式表記があり、呼び方はウェールズ語で「スランフェアP.G.」、英語で「ランフェアP.G.」となるそうです。

　地名は面白い！
　外国語を日本語表記にするわけだから、誤差は出て当然。「ヌナブット準州」と表記しようが、「ヌナブト準州」と表記しようが、本質はそこではないわけです。しかし、有名な「エロマンガ島」はさすがにまずいと思ったのか、最近では「イロマンゴ島」という表記が目立ちますね。面白くないですよね。昨今は、いろいろなものに配慮しすぎです…。ちなみに、「エロマンガ島」の名付け親は、あのキャプテンクックとして有名なイギリスのジェームズ・クック。**「これは人間です」**という意味があるとか。オランダの「スケベニンゲン（『斜面の村』という意味）」もよく知られています。

ウェールズと同じく、**ケルト系民族が住む国として知られるアイルランド**のレンスター地方には「ボイン川」という川がある。これは、この地域に住む**女性のほとんどがボイ**……、いやいやそんなはずはなくて、ボイン川はアイルランド神話のボアンドに由来します。ボアンドは、海の神であるネフタンの妻であったとされる神で、夫のネフタンから禁じられていた「秘密の井戸に近づくな」ということを破ってしまい、溺死してしまうのです。その井戸から流れる水がボイン川となったとされています。ちなみに、ネフタンの英語読みは、「ネプチューン」です。

　名前の長い地名や地形名は世界に数多くあります。
　タイの首都バンコクの正式名称は、「**クルンテープマハーナコーン・アモンラッタナコーシン・マヒンタラーユッタヤーマハーディロック・ポップノッパラッタ・ラーチャターニーブリーロム・ウドムラーチャニウェート・マハーサターン・アモーンピマーン・アワターンサティット・サッカタッティヤウィサヌカムプラシット**」といいます。
　ニュージーランド北島東岸地方には、「**タウマタファカタンギハンガコアウアウオタマテアポカイフェヌアキタナタフ**」という世界で一番長いとされる地名をもつ丘があります。綴りにいたっては、なんと92文字もあるんです。
　「Tetaumatawhakatangihangakoauaotamateaurehaeaturipukapihimaungahoronukupokaiwhenuaakitanarahu」
　スリランカの首都「**スリジャヤワルダナプラコッテ**」が涙目です（笑）。
　日本では、通りの名前を組み合わせて町名を表す**京都で長い地名が多い**ですね。「**京都府京都市上京区今出川通烏丸東入上る二筋目東入下る相国寺門前町**」なんて、年賀状を出す方も大変じゃないでしょうか。愛知県にも、「**愛知県名古屋市港区南陽町大字茶屋新田字沼川原西上**」なんてありますね。
　地名も地形名も、そして人の名前も「他人と区別する」ためにあります。とても大事なことであり、世界は多種多様性をもって動いてきた証拠であり、これからも動いていくわけです。

　地名って面白いですね。

〔著者紹介〕

宮路　秀作（みやじ　しゅうさく）

代々木ゼミナール地理講師＆コラムニスト。
代々木ゼミナールではすべての地理の講座を担当し、その多くが全国の代ゼミ各校舎、サテライン予備校にてサテライン放映されている。
模試作成にも携わり、また高校教員向け「教員研修セミナー」の講師を担当するなど、今や「代ゼミの地理の顔」。最近はコラムニストとしても活動し、新聞での連載なども行っている。
生徒から付けられたあだ名は、「みやじまん」。本人も結構気に入っている。猫が大好きで、飼っている猫の名は、「ハート」「はんぺん」「ちくわ」。多趣味な人間であるため、時間が足りなく、いつも「1日53時間欲しい」と思って生きている。
著書は、『大学入試　マンガで地理が面白いほどわかる本』（KADOKAWA）、『経済は地理から学べ！』（ダイヤモンド社）、『高校地理をひとつひとつわかりやすく。』『目からウロコの　なるほど地理講義　系統地理編』『同　地誌編』（以上、学研）など多数。

カリスマ講師の　日本一成績が上がる魔法の地理ノート　（検印省略）

2013年3月15日　第1刷発行
2021年8月30日　第6刷発行

著　者　宮路　秀作（みやじ　しゅうさく）
発行者　青柳　昌行

発　行　株式会社KADOKAWA
　　　　〒102-8177　東京都千代田区富士見2-13-3
　　　　電話　0570-002-301（ナビダイヤル）

●お問い合わせ
https://www.kadokawa.co.jp/（「お問い合わせ」へお進みください）
※内容によっては、お答えできない場合があります。
※サポートは日本国内のみとさせていただきます。
※Japanese text only

定価はカバーに表示してあります。

DTP／キャデック　印刷／加藤文明社　製本／本間製本

©2013 Syusaku Miyaji, Printed in Japan.
ISBN978-4-04-602602-6　C7025

本書の無断複製（コピー、スキャン、デジタル化等）並びに無断複製物の譲渡及び配信は、著作権法上での例外を除き禁じられています。また、本書を代行業者などの第三者に依頼して複製する行為は、たとえ個人や家庭内での利用であっても一切認められておりません。